sorria

você já é feliz!

EDITORA EME

Solicite nosso catálogo completo, com mais de 500 títulos, onde você encontra as melhores opções do bom livro espírita: literatura infantojuvenil, contos, obras biográficas e de autoajuda, mensagens espirituais, romances palpitantes, estudos doutrinários, obras básicas de Allan Kardec, e mais os esclarecedores cursos e estudos para aplicação no centro espírita - iniciação, mediunidade, reuniões mediúnicas, oratória, desobsessão, fluidos e passes.

E caso não encontre os nossos livros na livraria de sua preferência, solicite o endereço de nosso distribuidor mais próximo de você.

Edição e distribuição

EDITORA EME

Caixa Postal 1820 - CEP 13360-000 - Capivari - SP
Telefones: (19) 3491-7000 | 3491-5449
Vivo (19) 99983-2575 (WhatApp) | Claro (19) 99317-2800
vendas@editoraeme.com.br - www.editoraeme.com.br

sorria
você já é feliz!

RICARDO ORESTES FORNI

Capivari-SP
- 2016 -

A Editora EME mantém, ainda, o Centro Espírita "Mensagem de Esperança", colabora na manutenção da Comunidade Psicossomática Nova Consciência (clínica masculina para tratamento da dependência química), e patrocina, junto com outras empresas, a Central de Educação e Atendimento da Criança (Casa da Criança), em Capivari-SP.

1ª edição - abril/2016 - 3.000 exemplares

CAPA | André Stênico
DIAGRAMAÇÃO | Marco Melo
REVISÃO | Sonia Rodrigues Cervantes

Ficha catalográfica

Orestes Forni, Ricardo, 1947
Sorria: você já é feliz! / Ricardo Orestes Forni - 1ª ed. abr. 2016 - Capivari, SP : Editora EME.
224 p.

ISBN 978-85-66805-78-9

1. Autoajuda. 2. Contos e mensagens. 3. Textos motivacionais. I. TÍTULO.

CDD 133.9

Amigo, você já observou o efeito
renovador de um sorriso?

Sorriso é raio de luz da alma.

E a luz, ainda mesmo no abismo, é sempre
esplendor do alto vencendo as trevas.

Não negue a dádiva do sorriso seja a quem for.
Sorri na dificuldade.
Sorri na luta.
Sorri na dor.
Sua alma é sol divino.
Não desdenhe brilhar.

Valérium
(Livro *Ideal espírita*, capítulo 10, página 38. - CEC)

SUMÁRIO

FELICIDADE*

Só a leve esperança, em toda a vida,
Disfarça a pena de viver, mais nada:
Nem é mais a existência, resumida,
Que uma grande esperança malograda.

O eterno sonho da alma desterrada,
Sonho que a traz ansiosa e embevecida,
É uma hora feliz, sempre adiada
E que não chega nunca em toda a vida.

Essa felicidade que supomos,
Árvore milagrosa, que sonhamos
Toda arreada de dourados pomos,

Existe, sim: mas nós não a alcançamos
Porque está sempre apenas onde a pomos
E nunca a pomos onde nós estamos.

Vicente de Carvalho.

* NE: Poema com o título original de *Velho Tema I*, extraído do livro *Poemas e canções*, Editora Saraiva – São Paulo-SP, 1965

O QUE É A FELICIDADE?

SE VOCÊ, AO ler o título deste livro, pensou que o autor não tinha razão devido aos problemas que o visitam no atual momento, não discuto absolutamente em nada os seus motivos. Apenas peço a oportunidade para demonstrar que você, realmente, deve sorrir porque já é feliz, apenas não sabe.

A primeira condição para continuarmos o nosso diálogo escrito é definir o que seja a tal "felicidade"! Perdoe-me o termo vulgar "tal", porque felicidade é uma coisa rica, de extrema importância, porque, para sermos felizes, Deus nos criou um dia. E se Ele assim procedeu, a felicidade é uma joia rara a que todos os seres da Criação têm direito.

Mas, retornemos à pergunta inicial: o que é felicidade? Se você reparou, e tenho certeza que sim, o príncipe dos poetas, Vicente de Carvalho, nessa sua poesia maravilhosa, começa colocando dúvidas sobre a possibilidade de que ela exista.

As duas primeiras estrofes é uma negativa da possibilidade de sermos felizes. Mas, já para o final, ele faz uma afirmação de que a felicidade existe sim, apenas a colocamos onde nós não estamos.

Bem, até agora não definimos o que seja a felicidade. Você, com toda certeza, tem a sua definição. Eu tenho a minha. O seu vizinho terá a dele. Os seus parentes próximos ou distantes terão a deles. Seus amigos, da mesma forma, saberão conceituá-la da maneira deles.

Por exemplo, para o doente, a felicidade será o retorno à sua saúde. Nada mais lógico, não é mesmo?

Para o preso, a felicidade virá no dia em que for posto em liberdade.

Aquele que paga penosamente o seu aluguel, será feliz no dia em que tiver a casa própria.

A pessoa que suspira diante do carro zero quilômetro exposto na vitrine da agência de sua preferência, será feliz no dia em que acelerar o veículo dos seus sonhos.

A mulher com dificuldade para engravidar e desejosa de ser mãe, realizará seu sonho de felicidade no dia em que souber que está grávida.

A pessoa que deve para o banco será feliz no dia em que quitar a sua dívida e respirar em paz.

O casal de noivos mergulhará na felicidade plena no dia em que as alianças trocarem de dedo.

Outros se sentirão felizes quando realizarem a viagem do sonho pelo Brasil ou para alguma parte do mundo.

Está percebendo por esses poucos exemplos aos quais você, com certeza, terá outros a acrescentar, como não é fácil definir o que seja a felicidade tão buscada?

Já cheguei até a ler que a felicidade não é um fim, é um meio! Confesso que não consegui alcançar onde o autor quis chegar. Porém, não concordo. A felicidade é um fim porque para ela Deus nos criou um dia! Para sermos felizes e viver em paz!

Mas, sem se preocupar com uma definição rápida do que seja a felicidade, sorria porque você já é feliz, apenas ainda não sabe, como pretendemos demonstrar, solicitando para isso um minuto do seu tempo. Mesmo que seja um minuto do seu dia.

Até daqui a pouco, felicidade!

O QUE É INFELICIDADE?

SERÁ QUE PODEMOS definir o que seja infelicidade ou também é difícil uma definição como acontece com a felicidade?

Para a infelicidade a definição é bastante clara. Atentemos para o que nos ensina *O Evangelho segundo o Espiritismo*, capítulo V, item 24:

> Todo o mundo fala da infelicidade, todo mundo a experimentou e crê conhecer seu caráter múltiplo. Venho vos dizer que quase todos se enganam, e que a infelicidade real não é tudo aquilo que os homens, quer dizer os infelizes, a supõem. Eles a veem na miséria, no fogão sem lume, no credor ameaçador, no berço vazio do anjo que sorria, nas lágrimas, no féretro que se acompanha de cabeça descoberta e de coração partido, na angústia da traição, na nudez do orgulhoso que gostaria de se cobrir de púrpura e que esconde com dificuldade sua nudez sob os farrapos da verdade; a tudo isso, e a outras coisas ainda, se chama de infelicidade na linguagem humana. Sim, é infelicidade para aqueles que não veem senão o presente; mas a verdadeira infelicidade está nas consequências de

> uma coisa, mais do que na própria coisa. Dizei-me se o acontecimento mais feliz para o momento, mas que tem consequências funestas, não é em realidade mais infeliz que aquele que causa primeiro uma viva contrariedade, e acaba por resultar no bem? Dizei-me se a tempestade que quebra vossas árvores, mas saneia o ar dissipando os miasmas insalubres que causariam a morte, não é antes uma felicidade do que uma infelicidade? Para julgar uma coisa é preciso, pois, ver-lhe as consequências; é assim que, para apreciar o que é realmente feliz ou infeliz para o homem, é preciso se transportar além desta vida, porque é lá que as consequências se fazem sentir; ora, tudo o que se chama infelicidade segundo sua curta visão, cessa com a vida e encontra sua compensação na vida futura.

Já sei: você deve estar pensando que estou enrolando para te dizer que a felicidade está no outro lado da vida, na outra dimensão da existência. Mas você quer saber do aqui e do agora, não é assim? E tem esse direito. E vou repetir o que disse anteriormente, mesmo que, por enquanto, você não acredite: sorria – você já é feliz! Apenas não sabe. Onde será que estamos colocando nossa árvore de dourados pomos como descreve magistralmente o poeta Vicente de Carvalho?

Se você está mergulhado na dúvida, não está sozinho. Jésus Gonçalves, esse espírito que vem se redimindo de erros atrozes do passado, também teve seu momento de descrença na felicidade em sua última existência na Terra, internado em um leprosário como determinava a ignorância da medicina da época. Vamos ver um pouco das angústias que esse espírito viveu para auxiliar-nos na localização da árvore de dourados pomos que existe sim?

Não existe um caminho para a felicidade. A felicidade é o caminho.

Mahatma Gandhi.[1]

1. Nota do autor: todas as frases que não sejam de autores espíritas e que estão citadas neste livro foram retiradas da internet

A INFELICIDADE/FELICIDADE DE JÉSUS GONÇALVES

PERDOE-ME SE VOCÊ já conhece a história desse grande espírito que em sua última reencarnação na face da Terra, no início do século XX, acabou seus dias no corpo corroído pela lepra em sanatório para essa enfermidade como exigia a legislação em vigor daquela época.

Segundo relatam alguns autores, o nome "Jésus Gonçalves", em realidade, era grafado anteriormente como "Jesus Gonçalves". O que teria acontecido para que Jésus modificasse a escrita do seu próprio nome de "Jesus" para "Jésus"?

Segundo o pesquisador da mediunidade de Jésus Gonçalves, o psicólogo Eduardo Carvalho Monteiro, "Contam alguns, que ele acentuou seu nome (Jésus) por que não se achava em condições de ter o nome de Jesus".

Esse espírito veio de sucessivas reencarnações optando pelo mal em seu caminho evolutivo. Foi, por exemplo, em uma das suas existências, o temível rei Alarico I, que invadiu e incendiou Roma no ano de 410. Imaginem a devastação, as dores, as lágrimas, o desespero, a viuvez, a orfandade que salpicavam o caminho desse governante do povo visigodo. Desencarnou e retornou novamente ao corpo como o rei Alarico II, mantendo a mesma linha de conquistas sobre os povos inimigos. Novamente semeou a dor, as lágrimas, o desespero em muitos corações. Entretanto, como acontece com todos nós, suas atitudes estavam sendo anotadas nos arquivos do tempo pela Justiça Divina.

Mais tarde, no seio da Igreja católica na figura do cardeal Richilieu, praticamente mandava na França devido à fraqueza do rei daquele país naquela época.

A mesma Justiça que dá a cada um segundo as suas obras observava a trajetória desse espírito como a de todos nós.

A partir de um determinado tempo, ele começou a voltar para recolher os frutos amargos da longa semeadura de desatinos cometidos. De tal forma que Jésus Gonçalves foi esse espírito reencarnado na difícil provação da lepra que vitimou seu corpo, deformando sua aparência física enquanto o ser espiritual era reconstruído.

Em 1940, assim manifestava sua infelicidade por meio dessa poesia:

"Onde andará um 'não sei o quê', um bem
Em cuja busca sou judeu errante?
Por onde passo, já passou também
E quando chego, já partiu há instante.

Não sei se está na vida, ou mais adiante
Dentro da morte, nas mansões do além
Se está no amor, se está na fé, perante
Os dois altares que esta vida tem

Mas, se esta vida é um sonho, a morte o nada;
O amor um pesadelo; a fé um receio
Por que manter-se em luta desvairada?

No entanto eu sigo, acovardado e triste
A procurar em tudo em que não creio,
A coisa que me falta e não existe!"

Que grande amargura imperava em sua alma, não é mesmo? Tenho a certeza de que você não passou por um momento desses de desencontro total consigo mesmo em um corpo corroído pela lepra e morto interiormente em sua alma. Só por isso, você já é feliz e pode sorrir.

Mas, calma. Entendo que você também busca motivos para ser feliz sem se comparar ou espelhar em Jésus Gonçalves. Cada um com seus problemas, não é assim? Então, vamos lá.

Já em 1943, mesmo continuando internado no sanatório para a enfermidade do mal de Hansen (lepra), todo deformado pela doença, ele revigora-se intimamente redigindo nessa ocasião uma nova poesia:

"Hosana. Eu já encontrei o grande bem
Em cuja busca fui judeu errante!
É o facho luminoso que contém
A luz que me ilumina a todo instante!

E ele está na vida e mais adiante
Dentro da morte, nas mansões do além
Está no amor, está na fé, perante
Os dois altares que esta vida tem!

Pois, nem a vida é um sonho e a morte o nada
O amor é luz; a fé o santo meio
De tornar esta luta compensada!

Por isso eu sigo, nos caminhos meus
A procurar em tudo quanto creio
A coisa que faltava e... que era Deus!"

Reparem só! Jésus Gonçalves era infeliz porque faltava a ele tudo! Faltava Deus! A você que, com certeza, não falta Deus, está bem mais fácil de encontrar a felicidade do que para Jésus Gonçalves, não acha? Pode acreditar que sim. Pode acontecer que temporária e equivocadamente você não esteja com Ele, mas Ele está e estará sempre com você. Muita gente não entende isso e, por não entender, não acredita.

Vou explicar: suponha que você precise alugar um imóvel (como está alugando o seu corpo atual na Terra) e essa locação necessite de um avalista. Pois bem. Deus sempre avalizará a sua existência no mundo. Mesmo que você não acredite. Mesmo que você nada peça a Ele, o Criador estará ao seu lado. Sempre. Independentemente da sua crença Nele ou não, Deus estará com você providenciando para que seja feliz e viva em paz. Lembra-se da passagem citada do Evangelho? A tempestade da existência poderá estar quebrando alguns galhos da árvore de sua vida, mas tornará o ar puro para que a árvore sobreviva mais vigorosa do que antes. Pode sorrir porque você já é feliz. Apenas ainda não sabe, como veremos. Mas virá a saber, com certeza.

****

Provas decisivas

Clamas contra o infortúnio que te visita e desespera-te, sem reação construtiva, ante as horas de luta.

Falaram-te do Senhor e dos aprendizes abnegados que o seguiram, nas horas primeiras, na senda marginada de prantos e sacrifícios... Queres, porém, comungar-lhe a paz e viver em menor esforço...

Todavia, quase todos os grandes vultos da Humanidade, em todas as épocas e em todos os povos, passaram tempo das provas decisivas.

Shakespeare sentiu-se em tão grande penúria, que se achou, um dia, a incendiar um teatro, tomado de desespero; entretanto, superou a crise e deixou no mundo obras-primas inesquecíveis.

Victor Hugo esteve exilado durante dezoito anos; todavia, nunca abandonou o trabalho e depôs o corpo físico, no solo de sua pátria, sob a admiração do mundo inteiro.

Na França, Allan Kardec sofreu, por mais de uma década, insultuoso sarcasmo da maioria dos contemporâneos; contudo, jamais desanimou, entregando à posteridade o luminoso patrimônio da Codificação.

No Brasil, Bezerra de Menezes, abdicando das fulgurações da política humana e, não obstante a posição de médico ilustre, partiu da Terra em extrema necessidade material, o que não impediu a sua elevação ao título de Apóstolo.

Em razão disso, não te deixes vencer pelos obstáculos.

Quando o carro de tua vida estiver transitando pelo vale da aflição, recorda a paciência e continua trabalhando, confiando e servindo com Jesus.

Lameira de Andrade.
(*O espírito da verdade*, capítulo 68, página 159, FEB.)

SOFREMOS MUITO COM O POUCO
QUE NOS FALTA E GOZAMOS
POUCO O MUITO QUE TEMOS.

William Shakespeare

AS RECLAMAÇÕES DE PEDRO

VAMOS FALAR DE Pedro, um nosso amigo com o qual talvez a gente se pareça. Não se trata, portanto, do Apóstolo.

Pedro acordou mal-humorado. Em verdade preferia nem ter acordado, mas continuado a dormir. Estava tão irritado que mais parecia um fio de energia elétrica descascado. Aliás, se fosse um fio, daria para ver a eletricidade passar por ele naquele momento da manhã, quando mal despertara.

- Ô colchão desajeitado esse dessa cama! Acordei com dor nas costas! Também, de colchão mesmo só tem o pano porque o enchimento... desapareceu com os anos. Essa falta de dinheiro me impediu de trocá-lo e aí está essa pelanca em forma de colchão! E quem paga o "pato" é a coitada das minhas costas!

A esposa que também acordara com a má vibração do marido, escutava pacientemente as acusações contra o velho colchão que os servia até então.

- Suas costas não doem, mulher?

- Às vezes sim, Pedro. Mas o que vamos fazer? Se

reclamar fosse remédio para dor, pobre não precisava comprar nunca medicação nenhuma nas farmácias.

- Ah! Eu reclamo! Esse negócio de bancar o herói ou santo não é comigo, não! Colchãozinho sem-vergonha! Queria ter dinheiro para botar fogo nele.

- Mas, Pedro! Há quantos anos ele está nos servindo?! Ficou velho com o uso de todos esses anos, meses e dias! Nós também não envelhecemos?

- Não interessa se ficou velho. O problema é que agora está atrapalhando. Veja só as minhas costas!

- Não vejo nada, Pedro - disse a esposa olhando e apalpando suavemente a região que ele apontava.

- Você não vê, mas sou eu quem sente essas dores que me incomodam muito pela manhã. E sou eu quem tem que aguentar! Maldito colchão!

- Por que você não experimenta trocá-lo? - colocou com certa dose de ironia na voz, já cansada de ouvir a mesma ladainha repetida há tanto tempo.

- Trocar como, mulher?! Não temos dinheiro.

- Mas você pode trocá-lo por outro que não custa nada, Pedro!

- Aí vem você com suas brincadeiras de mau gosto porque sou eu quem está sentindo as dores!

- Não! Estou falando sério! Existe um outro colchão que não custa nada e você pode experimentar! - retornou a esposa com firmeza na voz.

- Não vou ficar aqui aturando suas brincadeiras enquanto sou eu quem sente as dores!

- Mas não estou brincando e nem duvidando que sinta dor! Apenas estou afirmando que você pode experimentar de graça um outro tipo de colchão que o ajudará a dar valor nesse que temos.

Pedro enfezou de vez.

- Ah, é? Então me leva agora onde está esse colchão para que eu o experimente, sua esperta!

A esposa tomou um dos seus braços, caminhou para fora de casa, foi até o portão da frente da residência e disse apontando com o dedo indicador para a rua por onde os primeiros veículos começavam a desfilar naquela manhã:

- Pode escolher, Pedro. Qual deles vai preferir?

- Olha aqui, mulher! Eu estou com as costas doendo e você me traz para a rua a caçoar do meu problema?

- Já disse que estou falando sério e não estou brincando, Pedro - tornou a acentuar com firmeza a esposa.

- Ah! Não está brincando? Então vamos fazer o seguinte: deite-se você em um desses colchões que você está enxergando aí que eu escolho um para o nosso uso!

Dona Aparecida, com muita tranquilidade, olhou para um lado e para o outro e respondeu ao marido:

- Aguarde um só instante que já volto.

Desculpem. Esqueci de apresentar antes o nome da esposa de Pedro. Agora já sabem: dona Aparecida.

- Cida! Volte logo porque tenho que ir trabalhar

mesmo com essa dor nas costas devido ao miserável do colchão!

A esposa foi e retornou breve. Trazia nas mãos um lençol já usado. E diante do espanto do marido, estendeu-o sobre a calçada bem rente à guia da sarjeta. Enquanto Pedro observava espantado a atitude da esposa sem nada compreender, pensava com os seus "botões":

"Mas será possível que essa mulher enlouqueceu?! O que está pretendendo ao estender esse pano velho sobre a sarjeta?"

Mais espantado ficou quando ouviu da esposa o seguinte convite:

- Aí está, Pedro. Pode escolher um desses colchões!

- Aparecida! - disse mais mal-humorado do que já estava - será que você enlouqueceu ou está querendo tirar uma com a minha cara?!

- Nem uma coisa, nem outra. Já disse desde o começo das suas reclamações sobre o velho colchão que não estou brincando com você. Também não estou louca, pode ficar tranquilo.

- E o que significa esse pano velho no chão sobre a sarjeta?

- Essa sarjeta fria e suja, Pedro, é o único colchão que muita gente tem para dormir. Enquanto você reclama do nosso sobre a nossa cama, os infelizes que nada possuem deitam-se sobre esse chão duro e não se levantam tão mal-humorados como você a reclamar do que tem dentro de nossa casa! Devia agradecer a Deus por ter sobre onde se deitar. Jesus repousava sobre pedras. Muita gente dorme sobre a sarjeta. E você que tem o conforto do velho colchão, desfia um rosário de lamentos porque levantou com dor nas costas! Agradeça, Pedro, ao velho colchão e à nossa cama limpa e asseada. Muitos dariam tudo para poder recostar o corpo cansado em um colchão velho, mas que não é tão duro como o frio de uma sarjeta em noite de inverno ou de chuva inclemente!

O marido ficou pensativo e antes que levantasse qualquer tipo de justificativa, ouviu o veredicto da esposa:

- Sorria, Pedro, porque você já é feliz. Apenas ainda não sabe!

****

A propósito, vá até ao portão de sua residência e contemple a sarjeta da rua. Retorne à sua cama limpa e macia e analise você mesmo se já não é feliz e deve sorrir. Não posso vê-lo ou vê-la nesse momento, mas já posso sentir que você começou a sorrir por ser feliz. Apenas ainda não havia observado a sua vida por esse ângulo...

****

Afliges-te

Afliges-te com leve dor de cabeça que o remédio alivia.

Esqueces-te, porém, dos que carregam a provação da loucura na grade dos manicômios.

Afliges-te por perder a condução, no momento oportuno.

Esqueces-te, entretanto, dos que jazem detidos em catres de sofrimento, suspirando pelo conforto de se arrastarem.

Afliges-te em casa porque alguém te não fez o prato de preferência.

Esqueces-te, todavia, dos que varam a noite, atormentados de fome.

Afliges-te, tantas vezes, por bagatelas!...

Fita, no entanto, a retaguarda e, reparando as aflições dos outros, agradecerás ao SENHOR a própria felicidade que não conseguias ver.

Emmanuel.

(*O espírito da verdade,* capítulo 89, página 204, FEB.)

Não há uma estrada real para a felicidade, mas sim caminhos diferentes. Há quem seja feliz sem coisa nenhuma, enquanto outros são infelizes possuindo tudo.

Luigi Pirandello

A DOENÇA INSUPORTÁVEL

AH! MAS O senhor João acordou muito mal naquela manhã. Será que tinha chegado o dia da sua morte? Era a sensação que tinha. O nariz escorria muito e espirrava com frequência anunciando uma gripe comum, mas para o senhor João nada era comum, tudo era mais grave, muito mais grave do que parecia. O corpo todo estava dolorido e uma febre discreta colocava rubor em suas faces gordas e já previamente rosadas pela própria natureza. Não. Mas ele estava muito mal! Ah, se estava! Lamuriava dessa maneira na frente de dona Alice que procurava acalmá-lo, atenuando a gravidade do quadro que João anunciava.

– Calma, João! Você contraiu um resfriado. No máximo uma gripe como tantas pessoas. Não é quadro para se preocupar tanto e nem para tantas reclamações!

– É! Tem razão o ditado de que "pimenta nos olhos dos outros é colírio"! Você, por acaso, sabe lá qual a sensação péssima que estou vivendo nessa manhã? Olha só como escorre meu nariz! Repara em quantos espirros já dei só nesse quarto! Estou queimando de febre! Põe a mão na minha testa e comprove por si mesma! Veja minha pele toda arrepiada de frio! Isso é prenúncio de doença grave! Talvez uma pneumonia séria! Terei que ficar internado se quiser sobreviver! Isso se quiser sobreviver e não me entregar para a morte!

- Meu Deus, João! Pare com a tragédia. "Não quebra fácil"!

Se a gripe invadia o corpo de João, os ouvidos estavam funcionando muito bem e ele ouviu as últimas palavras: "não quebra fácil!"

- O que não quebra fácil, mulher?! Quem ou o que está quebrando nessa casa a não ser o meu pobre corpo com essa maldita febre!

Em verdade dona Alice estava pensando naquela célebre frase: "vaso ruim não quebra fácil"! E por um descuido deixou escapar o final da frase que não passou despercebida aos bons ouvidos do marido.

- Não foi isso que eu quis dizer - retrucou ela prontamente em sua defesa. - É que você faz uma tamanha tragédia de uma simples gripe que até me confunde - completou olhando o marido com o canto dos olhos para ver se a justificativa tinha conseguido encontrar o efeito desejado.

Mas o que João queria, mesmo, era fazer de sua gripe uma tragédia e acabou aceitando a justificativa da mulher e deu continuidade às suas lamentações.

- Preciso ir ao médico sem falta! Não vou conseguir trabalhar e além das medicações que preciso, tenho que pegar um atestado médico para justificar minhas faltas nesses dias que virão.

- Vamos fazer um negócio? - disse a esposa.

- "Negócio", Alice?! Não está vendo a gravidade em que estou e vem me propor um "negócio"?! - respondeu João nervoso com a tranquilidade da mulher.

- Calma, João! Tenho a certeza de que você não tem nada grave! O "negócio" que estou propondo é o seguinte: vou com você ao médico; depois o acompanho à farmácia para comprar as medicações; cuido de você com um chá bem forte e uma canja saborosa em troca da sua promessa de que, assim que melhorar, irá comigo visitar uma amiga no hospital da cidade. O que me diz dessa proposta?

João ficou satisfeito! "Chazinho! Uma canja deliciosa! Alguns dias em casa na cama gostosa! Tranquilidade para dormir o quanto quisesse e ainda paparicado pela esposa! Mas que marido iria recusar uma oferta dessas?" - pensava enquanto olhava com ar de "quase morto" para chantagear a esposa benevolente.

- Alguma vez te neguei alguma coisa, Alice?! - disse matreiro.

- João! Por favor! Não me faça mentir e nem discutir com você que está "gravemente" enfermo. Afinal, responda se concorda ou não com a minha proposta ou com o "negócio" que acabo de propor: cuido de você para que sobreviva e, depois de curado, me acompanha na visita ao hospital?

- É claro que sim! Como disse, nunca te neguei nada!

- Então, vamos ao médico antes que não dê mais tempo, meu marido!

- Então concorda que é grave essa minha doença?

- Faça-me o favor, João!

O grave paciente ficou na mordomia por apenas três dias. O atestado médico não dava uma justificativa maior do que essa e nem era preciso. João tinha apenas uma gripe comum como tantas outras pessoas e, em realidade, esbanjava saúde. Apenas fazia tragédia do acontecimento, supervalorizando a ele mesmo e à enfermidade para beneficiar-se perto da esposa e com a ausência do trabalho. Os dias se passaram e a saúde retornou rapidamente ao corpo de João, que não ficou enfermo gravemente e muito menos por longo tempo.

Percebendo a cura total do paciente, Alice retornou ao assunto:

- Veja como a sua saúde é sólida, João! Poucos dias e já está em forma novamente. Tem saúde "para dar e vender", como costumam dizer.

- Também não é assim, não é Alice? Não tenho essa saúde toda como você diz. Considero-me até mesmo um homem de saúde frágil e que precisa se cuidar muito para viver por mais uns poucos anos aqui neste mundo.

- É mesmo, marido?! Vou ajudá-lo sempre que precisar, pode ficar tranquilo.

Esperou um instante e torpedeou:

- Mas agora vamos à promessa que você fez de acompanhar-me ao hospital assim que ficasse curado da sua gripe.

- Bem. Na verdade, ainda sinto...

- João! Você tem palavra ou não? Afinal, vai querer agora negar o primeiro pedido que lhe faço quando nunca me negou nada, como afirmou quando ficou doente?

- É claro que tenho palavra e não vou desonrar a verdade de que nunca lhe neguei nada!

- Ah! Que bom. Então, sábado depois do almoço iremos ao hospital visitar uma amiga.

- Mas o que ela tem é grave?! Será que é contagioso?

- Isso veremos lá, João.

- E onde ela está internada? Em que setor do hospital? Aquele lugar é muito grande e convém que você se informe bem para não ficarmos perdidos lá dentro.

- Fique tranquilo. No hospital nos informaremos melhor sobre onde ela está. E não se preocupe. Se a doença dela for contagiosa, você não precisa me acompanhar.

- Isso é importante porque, em verdade, ainda não estou me sentindo muito bem. Sabe como é, não é Alice?

- Ah! Como sei, João! Como sei. Por isso mesmo,

não se preocupe. O importante é você manter a sua palavra masculina. Afinal, homem que é homem não quebra promessas, não é marido?

- Claro que sim, Alice. Não seria eu uma exceção.

- Tenho a certeza que não. Por isso, torno a deixar combinado entre nós, sábado...

- Já sei! Sábado iremos ao tal hospital visitar uma amiga sua. Pronto!

- Bom "menino" esse meu marido! Bom menino.

E o sábado chegou e lá se foram em direção ao hospital. Alice para visitar a tal amiga e João para cumprir a promessa feita à esposa.

Chegaram e Alice dirigiu-se à portaria para obter mais informações. Aguardou o horário permitido à visitação pública dos pacientes e assim que o horário foi liberado, pegou na mão do marido e adentrou o recinto onde muitos pacientes padeciam sobre seus leitos com as mais diversas enfermidades.

Na UTI estavam vários pacientes respirando por meio de aparelhos e inconscientes. Outros lançavam no ar seus gemidos. Alguns deles esboçavam movimentos incoordenados. Num leito ou em outro, alguém balbuciava palavras ininteligíveis e procuravam com o olhar algo que não sabiam definir. João ficou extremamente impressionado. A doença daqueles pacientes parecia contaminá-lo emocionalmente. Podia-se dizer até que se sentia como um deles, "pregado" àqueles leitos de sofrimentos variados. Seus olhos estavam bem arregalados.

Respirava ofegante acompanhando o ritmo dos aparelhos encarregados da respiração daqueles sofredores. Tudo isso observado atentamente pela esposa sagaz.

Alice chegou a uma conclusão:

- Minha amiga parece não estar aqui. Vamos ter que procurá-la em outro local do hospital.

- Mas como não está aqui, Alice?! - colocou irritado o marido, cujo suor começava a escorrer-lhe pelo rosto gordo e corado. Você não pediu informações na portaria quando chegamos? - completou.

- Pedi, como você mesmo viu, João. Talvez ela já tenha melhorado e sido transferida para um outro local que requisite cuidados menos intensivos. Vamos procurá-la, pois foi para isso que viemos.

- Mas já estou me sentindo mal nesse lugar! - argumentou João passando a mão pela testa de onde minava um suor motivado pela tensão em que estava.

- Ah, não, "seu" João! Você prometeu acompanhar-me e agora terá que ir até o fim da visita. Afinal, você sempre fez o que lhe peço, não é mesmo, marido? - colocou com mordacidade as últimas palavras. - E homem que é homem, cumpre sua promessa, João! - acabou por completar para mexer com os brios do marido.

- Então vamos logo! Não vejo a hora de sair de um lugar desses!

Alice sorriu e adentrou outra enfermaria com sofrimentos lamentáveis. Crianças amputadas. Outras sem cabelo em consequência da quimioterapia. Algumas com sinais de cirurgia na cabeça. A imensa maioria delas muito pálidas, emagrecidas, de face abatida.

- Mas que lugar é esse, Alice? Até parece um campo de guerra ou o país da fome! - interrogou angustiado o marido

- É uma enfermaria onde se cuida de doentes com câncer, João. Viu quanto sofrimento?

- É claro que vi. Não sou cego!

- Ah! Que bom.

- Que bom?! - observou irritado o marido. Então você acha bom vir a um lugar desses?! - completou.

- Em determinados momentos de nossas vidas esses locais são necessários, João.

- Olha aqui, Alice! Acho que você não está muito bem da cabeça! Será que não tem um médico psiquiatra nesse hospital para você se consultar com ele?! - despejou irritado e apavorado o marido.

- Está tudo certo, marido. Tenha calma.

- Mas, e a sua amiga? Onde está essa mulher afinal de contas?!

- Está nos acompanhando desde que aqui entramos, João.

- Não falei?! Você enlouqueceu ou está querendo me deixar louco?! Eu vou embora daqui! Fique você nesse lugar com as suas maluquices - disse ameaçando deixar o hospital.

- Vai quebrar a sua promessa? Olhe lá que outras gripes poderão visitá-lo!

- Agora você está me lançando praga, Alice?!

- Não. Apenas estou pedindo que cumpra a sua promessa até o fim. Falta pouco.

- Como falta pouco se você não sabe sequer onde está essa sua amiga doente?!

- Já disse: ela tem nos acompanhado desde que entramos no hospital.

- Ah, é? E qual o nome dela? Nem o nome você me disse até agora!

- Pois então eu digo. Ela se chama "lição"!

- O quê?! Enlouqueceu de vez, mulher?! "Lição" é nome de alguém por acaso?!

- É, João. É o nome que poderá ensiná-lo o quanto de bom você tem na vida e não percebe.

- Pronto! Enlouqueceu de vez! Virou o quê? Uma pregadora de moral religiosa? De qual religião, posso saber? Aliás, não quero saber de nada! Estou dando o fora desse lugar e de suas loucuras.

Disse e dirigiu-se em direção à porta de entrada do hospital a passos rápidos. Alice o acompanhou calma para acabar a lição que havia preparado. Se reencontraram em frente das instalações hospitalares. Ele estava muito irritado. Logo que a esposa se aproximou, desabafou:

- Vim até aqui fazer papel de idiota! Não havia nenhuma amiga sua!

- O meu propósito, João, é mostrar a você o quanto possui sem reconhecer.

- Ah é? Então me mostre isso "tudo" que eu tenho e não reconheço.

- João, você fez de uma simples gripe uma tragédia! Reclamou vários dias como se tivesse sido atingido por uma doença incurável! Olha essa gente toda em luta desesperadora para sobreviver enquanto você visivelmente "vende" saúde. E não reconhece! E não agradece a Deus por essa saúde do corpo. Só enxerga os pequeninos problemas de saúde quando eles surgem. Mas quando não tem nada, como agora, não reconhece e muito menos agradece por estar tão bem enquanto tantos lutam batalhas perdidas! Pelo amor de Deus e por amor a você mesmo: abra os olhos e reconheça o quanto tem tido durante todos os seus anos de vida sem nenhuma doença grave! Mas, não! Quando as pequeninas coisas despontam em seu caminho sem colocar sua vida em risco, abre bem os olhos para enxergá-las. E quando a saúde de "ferro" retorna não valoriza, não percebe, não faz dela motivo para ser feliz! Sorria, João! Você já é imensamente feliz! Apenas não aprendeu a reconhecer essa felicidade, preferindo valorizar os pequenos problemas e ignorar a montanha de coisas favoráveis que abençoam a sua existência!

João ficou pensativo diante dessas ponderações da esposa. Preferiu não responder. Também não sorriu por fora para não dar "o braço a torcer". Mas por dentro, um enorme sorriso se abria ao reconhecer que Alice tinha razão. A saúde dele era invejável, enquanto tantos doentes que vira no hospital lutavam desesperadamente contra a morte próxima.

****

E você, como está? Acompanhou a visita de João ao hospital com a esposa ou preferiu ficar do lado de fora? Como você tem se comportado diante de uma simples gripe ou outra doença qualquer? Julga-se a mais infeliz das criaturas ou já reconhece a bênção da saúde que visita seu corpo há tantos anos? Não consegue ainda sorrir e reconhecer que já é feliz ou não consegue identificar a imensidão de bênçãos que lhe invadem o corpo?

Posso afirmar que você deve sorrir porque já é feliz. Ou prefere fazer como João, que manteve a aparência de coitadinho por fora, mas já sorria por dentro dando razão à esposa?

Meu amigo e minha amiga, quando a ideia de que você é a mais doente das criaturas, que o seu sofrimento é o maior da face da Terra, que você é o mais esquecido dos seres, visite um hospital do câncer, do fogo selvagem, de doenças infectocontagiosas para se convencer definitivamente de que deve sorrir porque você já é feliz. Apenas não sabe.

****

Se o leito de dor é agasalho imposto ao seu corpo enfermo, lembre-se de que a meditação é santuário invisível para o abrigo do espírito em dificuldade e que a prece refunde e sublima as energias da alma.

Doença é contingência natural, inevitável às criaturas em processo de evolução; por isso, esforce-se por abolir inquietações quanto a problemas de saúde física, atendendo ao equilíbrio orgânico e confiando na Vontade Superior.

André Luiz

(livro *O espírito da verdade*, página 82, capítulo 32, FEB.)

DOENÇAS: VISÃO ESPÍRITA

ANTES DE MAIS nada, quero fazer uma provocação a você: um milagre pode curar uma doença incurável pela medicina? Sim, estou falando desse milagre que você está pensando e que as outras religiões apregoam. Vá pensando na resposta que no final das colocações que se seguem eu responderei. Não se preocupe. Na realidade não serei eu quem irá responder, mas alguém de total confiabilidade. Fique tranquilo.

Em várias passagens do Evangelho, Jesus recomendava à pessoa que ele havia curado de alguma doença ou de algum problema físico, que essa pessoa não pecasse mais para que não voltasse a padecer de algum mal. Fica bastante evidente que a origem dos males severos que nos visitam a existência está no ser espiritual. Sim, porque o corpo não erra nem acerta. O corpo é um mero instrumento que o espírito imortal utiliza para o bem ou para o mal, colhendo as consequências de suas escolhas. A enfermidade encontra no corpo físico o canal para drenar as mazelas que estão na alma. Jesus, no entanto, não estava preocupado com a cura do corpo, porque este, mais dia, menos dia, encontraria o fim.

Jesus propunha a cura do ser imortal. Muitas vezes, a enfermidade que destroça o corpo cura o espírito. E como o ser espiritual é imortal, a cura se eterniza, enquanto a cura do corpo sempre tem um final com a morte do mesmo. Recordemos a figura gigantesca de Jerônimo Mendonça. Seu corpo físico em sua última reencarnação foi sendo minado de maneira irreversível em vários setores, prostrando-o imóvel ao leito pela paralisia que o atingiu, cego dos dois olhos, além das dores cardíacas que o atormentavam sem tréguas. O corpo se foi, mas libertou um espírito redimido diante de si mesmo.

Outra figura exemplar foi Amazonas Hércules. Quando jovem era tão forte fisicamente que o chamavam de Hércules. Era halterofilista, tinha um corpo atlético. Mais tarde, vitimado pelo mal de Hansen (lepra) foi recolhido em um leprosário. Naquela época, o conceito era esse: a pessoa com lepra tinha que ser afastada do seu meio para não contaminar outras pessoas. Jésus Gonçalves foi vitimado da mesma maneira. Amazonas Hércules viveu até os noventa anos. Passou a cuidar dos outros enfermos do sanatório, tendo erguido um centro espírita com a ajuda de outras pessoas. Vemos nesse exemplo o bem que a enfermidade do corpo causa ao espírito imortal. De halterofilista de corpo perfeito passou a benfeitor de muitas pessoas quando o veículo físico foi comprometido pela lepra.

André Luiz, no livro *Evolução em dois mundos* (FEB), no capítulo XIX, aborda de maneira muito clara o assunto. Vamos a um pequeno trecho com a recomendação da sua leitura de maneira plena:

> Essas enquistações de energias profundas, no imo de nossa alma, expressando as chamadas dívidas cármicas, por se filiarem a causas infelizes que nós mesmos plasmamos na senda do destino, são perfeitamente transferíveis de uma existência para outra. Isso porque, se nos comprometemos diante da Lei Divina em qualquer idade da nossa vida responsável, é lógico venhamos a resgatar as nossas obrigações em qualquer tempo, dentro das mesmas circunstâncias nas quais patrocinamos a ofensa em prejuízo dos outros.

É assim que o remorso provoca distonias diversas em nossas forças recônditas, desarticulando as sinergias do corpo espiritual, criando predisposições mórbidas para essa ou aquela enfermidade, entendendo-se, ainda, que essas desarmonias são, algumas vezes, singularmente agravadas pelo assédio vindicativo dos seres a quem ferimos, quando imanizados a nós em processos de obsessões.

Emmanuel, no livro de mesmo nome, edição FEB, no capítulo XXIII, aborda a saúde humana do qual destacamos algum trecho recomendando, da mesma forma, a leitura completa do mesmo. Diz ele:

> A saúde humana nunca será o produto de comprimidos, de anestésicos, de soros, de alimentação artificialíssima. O homem terá que voltar os olhos para a terapêutica natural, que reside em si mesmo, na sua personalidade e no seu meio ambiente. A medicina precisa criar os processos naturais de equilíbrio psíquico, em cujo organismo, se bem que remoto para as suas atividades anatômicas, se localizam todas as causas dos fenômenos orgânicos tangíveis. A medicina do futuro terá de ser eminentemente espiritual, posição difícil de ser atualmente alcançada, em razão da febre maldita do ouro.

Vemos, dessa maneira, que mais um espírito superior nos fala do comprometimento moral do espírito a refletir-se no organismo físico em forma das mais variadas moléstias que possam servir de mecanismo de resgate para os desequilíbrios das energias espirituais em virtude de nossos erros do presente ou do passado.

Allan Kardec, na *Revista espírita* de 1868, mês de março, página 131, falando sobre as doenças, assim se manifesta:

> É que a maioria das doenças, como todas as misérias humanas, são expiações do presente ou do passado, ou provas para o futuro; são dívidas contraídas, cujas consequências devem ser sofridas, até que tenham sido saldadas. Aquele, pois, que deve suportar sua provação até o fim não pode ser curado. Esse princípio é um motivo de resignação para o doente, mas não deve ser uma desculpa para o médico que procurasse, na necessidade da provação, um meio cômodo para abrigar a sua ignorância.

Mais uma vez aqui se manifesta a possibilidade de a enfermidade representar desequilíbrios cometidos na atual ou em existências anteriores.

Entretanto, gostaria de trazer até você as considerações de bom-senso contidas no livro *O Evangelho por dentro* do escritor espírita Paulo Alves Godoy, já desencarnado, que muito contribuiu com a divulgação da doutrina por meio dos seus diversos livros. Na página 131 desse livro ele faz uma ponderação orientada pelo bom-senso:

> Seria ilógico acreditar que todo o sofrimento tem como origem uma falta. Em numerosos casos, trata-se de provas escolhidas pelo espírito, com o fito de acelerar o seu ciclo evolutivo e poder atingir mais rapidamente a perfeição.

Essas considerações permitem-nos entender os sofrimentos de Francisco de Assis, que foi vitimado pelo tracoma (grave infecção dos olhos, tratada naquela época com ferro em brasa), como também pela malária numa época em que nenhum recurso se dispunha para combater essa enfermidade. Sendo Francisco um espírito de elevadíssima condição evolutiva, a hipótese mais provável é que ele não estivesse expiando vínculo com o passado, mas sim se servindo da enfermidade como um meio de crescimento ainda maior escolhido por ele mesmo, ao mesmo tempo em que a criatura mantém uma sintonia maior com o Criador. Aí está a beleza da doutrina, que faz ponderações lógicas para explicar os acontecimentos da vida sem lançar mão de dogmas que exclui o raciocínio e que leva, por isso mesmo, à descrença.

Joanna de Ângelis, no livro *Jesus e atualidade*, Editora Pensamento, psicografia de Divaldo, na página 102, assim se manifesta:

> A doença não é mais do que um sintoma do desarranjo do espírito, em realidade o portador da mesma.

No livro *Plenitude* (LEAL), também através da psicografia de Divaldo, na página 23, capítulo II, Joanna afirma:

> A doença, todavia, é resultado do desequilíbrio energético do corpo em razão da fragilidade emocional do espírito que o aciona. Os vírus, as bactérias e os demais micro-organismos devastadores não são os responsáveis pela presença da doença, porquanto eles se nutrem das células quando se instalam nas áreas em que a energia se debilita. Causam fraqueza física e mental, favorecendo o surgimento da doença, por falta da restauração da energia mantenedora da saúde. Os medicamentos matam os invasores, mas não restituem o equilíbrio como se deseja, se a fonte conservadora não irradia a força que sustenta o corpo.

Mais uma vez se levanta o espírito fragilizado moralmente como o autor das enfermidades que se estampam em seu corpo físico em determinada reencarnação.

Por isso Jesus recomendava à pessoa curada que não pecasse mais. O erro transforma-se em ponto energético negativo nas energias do perispírito, dando origem aos locais enfraquecidos onde se instalam a enfermidade no novo corpo material.

Mas, retornando à nossa pergunta inicial: afinal, existe o chamado milagre que cura um mal irreversível ou não? Responde o espírita: "Claro que não! O milagre pressupõe a derrogação de uma lei de Deus e essas leis são imutáveis porque são perfeitas. O que é perfeito não tem necessidade de ser modificado. Dessa forma, milagre não existe!"

Evidentemente que as leis de Deus não sofrem mudanças porque são absolutamente perfeitas. O único problema se resume em uma pergunta: conhecemos todas elas, todas essas leis?

Albert Einstein afirmava o seguinte: "Milagre, para mim, não é a derrogação das leis conhecidas, mas sim o acontecimento imprevisto que, através de leis desconhecidas, acontece na hora que menos esperamos, que é a hora que deveria acontecer." Percebeu? Leis que desconhecemos e que vigoram no Universo criado por um Deus que é de total misericórdia.

O grande cientista inglês, Isaac Newton, afirmava: "Milagre é a apresentação de uma lei que a nossa ignorância não conhece."

Percebeu? Quantas leis existem que desconhecemos em nosso estágio evolutivo tão precário? Quem pode afirmar que essas leis desconhecidas não podem promover algum acontecimento que para nós seria impossível?

Mas, não se assuste. Todo esse raciocínio não é meu. Está no livro *Divaldo Franco responde* (Intelítera) - volume 2, no capítulo *Carma, provas e expiações*, páginas 253 a 255. Recomendo a leitura completa não só desse item, mas do livro, que é uma fonte inesgotável de aprendizado, duvidando muito que você já não o tenha lido.

> O corpo não está separado da alma; é a sua representação. As células são organizadas segundo as disposições perispiríticas dos indivíduos, e o organismo doente retrata um espírito enfermo. A patologia está orientada por elementos sutis, de ordem espiritual.
>
> **Emmanuel**
> **(livro *Emmanuel*, capítulo XXXVI, página 181, FEB.)**

Quando uma porta da felicidade se fecha, outra se abre, mas costumamos ficar olhando tanto tempo para a que fechou que não vemos a que se abriu.

Hellen Keller

O TRABALHO

JOSÉ LUIZ ESTAVA nervoso antes de ir para o trabalho naquela manhã. Estava cansado do que fazia. Não tinha vontade de rever determinados companheiros de serviço. Do patrão, então, queria distância. Ô criatura intolerável! Só porque era o dono, julgava que os empregados fossem escravos dele. Só chamava alguém para fazer severas críticas ou chamar com veemência a atenção por esse ou por aquele motivo. Homem insuportável. O local de trabalho ficava mais agradável quando ele não aparecia porque estava viajando a negócios ou doente por algum motivo. Era um alívio! Na mesa do café da manhã, com a esposa e os filhos, José Luiz derramava esses pensamentos amargos para que todos soubessem do seu descontentamento com o trabalho que realizava.

– Pois é, Sílvia! Você que é feliz, porque gosta do seu serviço. Para mim, é uma tortura ter que me dirigir todos os dias para o meu local de trabalho.

– É que eu acredito que Deus nos coloca no local correto para exercermos uma determinada profissão na qual podemos render mais e melhor em favor do semelhante e de nós mesmos, José Luiz.

– Ah! Não me venha misturar religião com trabalho. São coisas diferentes. Então você acha que Deus fica procurando o serviço melhor para cada ser humano? Em nossa cidade, por exemplo, teria que olhar um por um e destinar cada pessoa para esse ou aquele trabalho? Na outra cidade a mesma coisa? No Estado idem? No Brasil, cuidar para que cada trabalhador brasileiro tivesse a função mais adequada? Nas Américas o mesmo procedimento? Na Europa a mesma coisa? Na Ásia... Ah, não. É muito serviço para Ele, não acha, Sílvia?

– Por isso mesmo Ele é Deus, José Luiz. Creio firmemente que é assim. A cada ser humano é dada a oportunidade de um serviço no qual possa fazer o melhor. É claro que Ele não nos obriga, mas nos oferece a oportunidade para ganharmos o pão de cada dia com o suor honesto do nosso trabalho.

– Ah, é? Então me explica uma coisa: e os desempregados, a eles Deus resolveu dar uma folga? Não apontou nenhum serviço? Já estariam aposentados precocemente? Está vendo como o seu argumento não resiste a determinadas questões?

– Não posso responder de maneira completa sobre os planos de Deus porque ainda não temos condições de entendê-Lo em toda a sua grandeza. Não sei por que esse tem um trabalho em que ganha fortuna e o outro não tem emprego nenhum. Talvez, um dia, consiga explicações sobre isso e as passarei a você.

– Pode ser. Enquanto isso, lá vou eu aguentar determinadas pessoas no local do serviço e aquele homem insuportável do meu patrão. Bem que ele podia estar viajando a negócios ou estar com algum mal-estar e ficar em casa no dia de hoje.

– Pelo amor de Deus, José Luiz! Não deseje o mal para quem proporciona a você o seu trabalho!

– Está bem. Obrigado, Senhor, pelo patrão insuportável que o senhor colocou em meu caminho! Amém. – disse em tom de ironia dirigindo-se para o emprego.

Sílvia sentia-se preocupada com o comportamento do marido. "Preciso fazer alguma coisa para ajudar José Luiz. Trabalhar esse mau humor que faz mal à sua saúde e à qualidade do serviço sob a sua responsabilidade" – pensava enquanto também se dirigia ao seu emprego.

Na hora do almoço, família reunida à mesa, Sílvia comentou:

– Que horror! Um pai desesperado por não conseguir colocar alimentos para a família em seu lar foi assaltar uma casa. Como não era do seu hábito fazer isso, apenas estava levado pelo desespero do momento, acabou sendo caçado pela polícia, foi alvejado e encontra-se entre a vida e a morte no hospital para onde foi levado. Isso é lamentável no mundo atual: um pai de família ter que roubar para prover o lar com o necessário enquanto tanta gente esbanja o supérfluo da existência!

A observação de Sílvia não mereceu comentário algum. O ser humano se caracteriza por ainda não sentir aquilo que dói no outro. Assiste às tragédias do cotidiano como se estivesse imune contra as mesmas.

No jantar, a esposa de José Luiz comentou uma outra notícia:

– Como está esse mundo!

– Qual a tragédia da hora, Sílvia? – perguntou o marido. – Você agora é a nossa repórter particular. No almoço nos trouxe uma tragédia sobre o homem que foi baleado ao tentar assaltar uma casa. E agora, o que aconteceu que a nossa "repórter" vai informar? – tornou a colocar com uma certa dose de ironia.

A esposa não se abalou. Pelo contrário, aproveitou a condição de "repórter" como a enquadrou o marido para relatar:

– Pois é! Dessa vez foi um pai de família que, desesperado pelo desemprego que o atingiu, suicidou-se envergonhado da situação financeira difícil por que passava.

– Vejo que a nossa "repórter" dessa vez foi mais fundo em suas pesquisas. Agora nos traz o relato de um suicídio que é muito mais grave do que o assalto com homem ferido! – tornou a se manifestar José Luiz. – Qual será a notícia de amanhã? Que tal uma notícia assim: "Um pai de família desesperado por não conseguir alimentar a família colocou fogo no país!" Já imaginaram que notícia terrível? - fez a colocação irritado por esse tipo de comentários na hora do almoço e repetido no jantar.

- Isso é muito triste, José Luiz! Acabar com a própria vida por não ter condições de cumprir com os seus compromissos básicos perante a mulher e os filhos! É extremamente lamentável que essas situações aconteçam no mundo atual!

Transcorrido algum tempo do jantar, a família recolheu-se ao leito para o repouso noturno.

Um novo dia anunciou a sua chegada com os raios de sol clareando as janelas da casa de Sílvia e José Luiz.

As queixas dele em relação ao trabalho se renovaram. As preocupações de Sílvia com os sentimentos do marido em relação ao emprego também. Tentou fazer algumas ponderações que foram ignoradas por José Luiz.

A hora do almoço chegou e a família reuniu-se à mesa de refeições.

- Meu Deus! Pensei que as notícias de ontem já tinham sido trágicas, mas a de hoje!...

- Pronto! A repórter das tragédias já vai começar tudo de novo! E justo na hora das refeições. Querem horário melhor, crianças?!

- Você brinca porque não é conosco, José Luiz. Mas qual seria a nossa reação se fosse?

- Então, vamos lá! Manda a nova "bomba"! Atenção para a "repórter" dona Sílvia! No ar! - disse ele ironizando e demonstrando nervosismo pelas informações da mulher.

– Você está brincando, José Luiz, mas a coisa é séria e lamentável. E você tem razão: a notícia de hoje realmente é pior do que as de ontem. Um pai desesperado por não conseguir sustentar a família, antes de cometer o suicídio matou a todos, a esposa e os quatro filhos!

– Viram só como a "repórter" da tragédia cada vez consegue se superar mais um pouco?! Além do suicídio, matou a todos familiares! Bravo! Parabéns "repórter" Sílvia! Você já é candidata ao prêmio "tragédia do ano!"

– Está ironizando, José Luiz. Mas se esses infelizes tivessem um trabalho, quantos dramas lamentáveis deixariam de acontecer! Quantos crimes não seriam banidos pelo trabalho que lhes permitisse sobreviver com dignidade!

– Chega, Sílvia! – disse ele batendo fortemente sobre a mesa do almoço. – Não quero mais ouvir essas notícias na hora das refeições! Parece até que você faz de propósito para me irritar! Essa hora em que nos sentamos à mesa não é a ocasião para esse tipo de comentários sobre tragédias, crimes ou seja lá o que for! Não quero mais ouvir isso em nossa casa! – arrematou de face avermelhada pela ira.

Sílvia estava tranquila. Parecia até que tinha alcançado o seu objetivo. E realmente tinha. Bem pausadamente, voltou ao diálogo interrompido pelo momento de explosão do marido:

- Não, José Luiz. Não fiz para irritá-lo. Esses fatos que narrei realmente acontecem no nosso cotidiano.

- E você vive sentada na frente da televisão colecionando essas tragédias para despejá-las nos nossos momentos de reunião à mesa de refeições?

- Também não, meu marido. Eu não fiquei na frente da televisão catando esses lamentáveis acontecimentos. Ao narrar de acordo com a minha visão acontecimentos que realmente ocorreram, tinha um único objetivo.

- E posso saber qual é esse seu objetivo de mau gosto?

- Claro! É um direito seu e um dever meu. José Luiz, você vive reclamando do seu trabalho quando deveria agradecer por tê-lo! Não percebe que por meio dele consegue prover nossa família do necessário? Que pode ter, sim, seus momentos de desencontros com os companheiros de serviço ou ao lado do seu patrão resmungão. Mas temos o que precisamos com o dinheiro ganho honestamente. Em nossa casa não falta o pão como na casa desses infelizes que, levados pelo desespero extremo, se comprometem por meio dos mais variados crimes para o sustento do lar. Alguns até mesmo comprometendo a própria vida e a dos seus familiares! Devemos agradecer a Deus termos em que trabalhar! Em podermos levantar sem a preocupação de enfrentar filas para arrumar um emprego! De chegar no final do mês e termos o necessário para pagarmos tudo o que precisamos para ter um teto ao abrigo das intempéries da existência! É justo desejarmos melhorar conquistando serviços que nos remunerem mais. Mas é preciso agradecer e muito a possibilidade de ganhar o suficiente para enfrentar as nossas despesas de momento como tem acontecido até hoje. Gostaria muito, pelo seu bem-estar íntimo, pela sua tranquilidade que prezo tanto, que você entendesse que pode sorrir a cada manhã em que levantamos e já somos felizes por ter o trabalho que nos permite o pão honesto de cada dia.

Sílvia fez alguns segundos de silêncio. Depois olhou bem nos olhos de José Luiz, pegou-lhe nas mãos e arrematou ternamente:

– Amor, sorria, você já é feliz! Nós somos uma família feliz. Apenas talvez você ainda não saiba.

Sílvia sentiu as mãos do marido apertarem as suas. E daquele dia em diante, quando o desejo de reclamar do trabalho fazia cócegas em José Luiz, ele detinha os pensamentos infelizes para meditar na felicidade de poder ganhar o sustento da família que já abençoava seu lar.

****

E você, meu amigo e minha amiga, como vai o seu trabalho? Muito trânsito para chegar até ele? A remuneração não é justa? Seus companheiros de serviço não são os ideais? Seu patrão é uma pessoa intransigente? Será que seria melhor não ter para onde ir e ficar percorrendo variados lugares e enfrentando angustiosas filas para procurar um serviço com as dívidas esperando de maneira implacável no final do mês? Não tendo como prover as necessidades básicas dos seus filhos e esposa? Claro que não, você concorda? Lógico, melhorar é um direito de todos, mas por hora sorria porque você já é feliz! Talvez apenas não saiba.

A NECESSIDADE DO TRABALHO

(*Revista espírita*, julho de 1862, página 273, FEB.)

A vida corporal é necessária ao espírito, ou à alma, o que é a mesma coisa, para que possa realizar neste mundo material as funções que lhe são designadas pela Providência: é uma das engrenagens da harmonia universal. A atividade que, mau grado seu, é forçado a desenvolver nas funções que exerce, crendo agir por si mesmo, auxilia o desenvolvimento de sua inteligência e lhe facilita o adiantamento. Sendo a felicidade do espírito na vida espiritual proporcional ao seu progresso e ao bem que pôde fazer como homem, resulta que, quanto maior importância adquire a vida espiritual ao homem, mais ele sente a necessidade de fazer o que é necessário para garantir o melhor lugar possível. A experiência dos que viveram vem provar que uma vida terrena inútil ou mal-empregada não tem proveito para o futuro, e que aqueles que aqui só buscarem satisfações materiais as pagam muito caro, seja por sofrimentos no mundo dos espíritos, seja pela obrigação de recomeçar a tarefa em condições mais penosas que as do passado; tal é o caso dos que sofrem na Terra.

> Assim, considerando as coisas deste mundo do ponto de vista extracorpóreo, o homem, longe de ser estimulado à despreocupação e à ociosidade, compreende melhor a necessidade do trabalho. Partindo do ponto de vista terreno, essa necessidade é uma injustiça aos seus olhos, quando compara aos que podem viver sem nada fazer: tem ciúme deles; inveja-os. Partindo do ponto de vista espiritual, essa necessidade tem a sua razão de ser, sua utilidade, e ele a aceita sem murmurar, pois compreende que sem o trabalho ficará indefinidamente na inferioridade e privado da felicidade suprema a que aspira e que não poderá alcançar, caso não se desenvolva intelectual e moralmente.

Qual o limite do trabalho?

O limite das forças; de resto, Deus deixa o homem livre. (*L.E.* - questão 683.)

Nos mundos mais aperfeiçoados, o homem está submetido à mesma necessidade do trabalho?

A natureza do trabalho é relativa à natureza das necessidades. Quanto menos as necessidades são materiais, menos o trabalho é material. Mas não creiais, com isso, que o homem fica inativo e inútil: a ociosidade seria um suplício em lugar de ser um benefício. (*L.E.* - questão 678.)

Chico, Emmanuel e o trabalho

> Quando o nosso caro Emmanuel me apareceu pela primeira vez em 1931 ele me disse que se eu não dese-

jasse trabalhar compartilhando-lhe, de algum modo, as tarefas, não conseguiria permanecer em conexão comigo, de vez que a nossa amizade seria um ornamento sem qualquer significação no campo evolutivo, em que o aperfeiçoamento e a felicidade do ponto de vista espiritual profundamente nos interessam.

(*Lições de sabedoria*, página 120, Editora FE.)

Joanna de Ângelis e o trabalho

O trabalho externo é realizado no tempo horizontal, nas horas convencionais dedicadas à atividade para aquisição dos recursos de manutenção da existência corporal, no qual se investem as conquistas da inteligência, da razão e da força, a resistência orgânica. Ao lado dele outros surgem, que passam a utilizar-se do tempo vertical, sustenta a vida. Pode ser realizado com caráter beneficente, sem remuneração habitual ou mesmo da gratidão, da simpatia, feito com abnegação, em cujo tempo de execução o ser se encontra consigo próprio e desenvolve os valores reais do espírito, compreendendo que servir é meta existencial, e amar é dever de libertação do ego em constante transformação.

(*Vida: desafios & soluções*, páginas 110 e 111, LEAL.)

Como podemos observar, o trabalho é uma lei do Universo. Foi com um significado muito profundo que Jesus, no Evangelho de João, anunciava o seu trabalho constante porque o Pai trabalhava também. E isso a própria ciência limitada de nossos dias testemunha quando os cientistas descobrem novas estrelas por esse Universo sem fim que mal conseguimos vasculhar. Entretanto, ainda não conseguimos nos localizar nessa realidade.

Se observarmos na história dos grandes vultos morais da Humanidade, eles também sempre trabalharam muito em sua passagem pelo planeta. Francisco de Assis, para executar o imenso trabalho de restauração do cristianismo primitivo, renunciou a todas as facilidades do mundo com que o pai lhe acenava e, mergulhado em miséria extrema, materialmente falando, entrou na posse da fortuna que os ladrões não roubam e as traças não corroem. Chico Xavier e Divaldo exerceram o trabalho horizontal sobre o qual nos fala Joanna no texto citado anteriormente, ganhando o pão com o suor do rosto tendo sido funcionários exemplares nas repartições públicas onde empregaram o seu tempo horizontal. Conquistaram a aposentadoria sem mácula porque sempre respeitaram todas as exigências do trabalho com que dignificaram suas existências como cidadãos pertencentes à sociedade em que viveram. Não se descuidando, porém, do tempo vertical, realizaram a obra imensa do crescimento espiritual trabalhando até o limite das suas forças no serviço em favor do próximo. Outros vultos pertencentes a outras religiões que souberam dignificar o trabalho, também fizeram o mesmo como Madre Teresa de Calcutá e Irmã Dulce, apenas para citar exemplos de nosso tempo. Se penetrarmos na história da Humanidade, o trabalho estará sempre presente nesses espíritos de escol que passaram pela Terra deixando-nos o exemplo da lei do trabalho como mais uma das leis de Deus que trabalha até hoje e para sempre.

Muitas pessoas perdem as pequenas alegrias enquanto aguardam a grande felicidade.

Pearl S. Buck

A FORTUNA

FRANCISCO ESTAVA CABISBAIXO, o que foi percebido pela esposa dedicada. Entabulou conversa com ele para verificar se podia auxiliar de alguma forma. Seria algum problema no serviço? Algum desentendimento com um companheiro de trabalho? Ou até mesmo um atrito perigoso com o patrão? Sim, perigoso, porque embora ganhasse uma quantia pequena, com os malabarismos da esposa dedicada, as necessidades domésticas eram atendidas. Tinham o mínimo necessário, mas o pão de cada dia não faltava à mesa. As roupas não eram a da moda. Longe disso. Eram limpas, muito bem passadas e conservadas à custa de Maria Amélia que se desdobrava em seus afazeres nos reparos necessários a alguma peça da vestimenta que se desgastava demais. Os calçados? Ah! Os calçados eram utilizados até o último recurso porque assim exigia o dinheiro apertado para despesas mais importantes. Condução própria? Nem pensar! O ônibus apinhado de gente era o transporte que Francisco tinha condição de pagar. Aguentava o aperto da condução. O mau humor dos passageiros. A falta de educação. E até mesmo aquele cheirinho mais desagradável da má higiene de algum descuidado. Mas, o que fazer? Era só para isso que o dinheiro dava.

Ah! Como Francisco morria de inveja quando alguém desfilava com o seu carrão novinho e ultrapassava o ônibus superlotado em que ele se encontrava! O que comiam? O absolutamente necessário para o sustento do corpo. Na casa de Francisco não tinha livro de receita, não. O cardápio era exatamente aquilo que podia ser comprado. Carne, churrasco, assados saborosos ao forno? Uma vez ou outra e olhe lá! O grande presente à mesa era o trivial arroz com feijão e algum tipo de salada. O velho companheiro, ovo de galinha, também. Um dinheirinho para um ovo frito até que dava. Mas a tão cobiçada carne que passava na propaganda de televisão com aquele visual bonito de dar água na boca, essa ficava mesmo era na televisão.

Viajar de férias? Mas nem pensar! Só em sonho. Levar Maria Amélia e os cinco filhos para algum lugar que não fosse o zoológico da cidade, de que jeito? Com que dinheiro? Férias eram para procurar um serviço extra que gerasse alguma renda a mais para a família, por menor que fosse o dinheiro conseguido. Era por isso, então, que Francisco estava pensativo na manhã daquele domingo à mesa do café. Estava mesmo até triste. Isso para não dizer que estava se avizinhando da tão perigosa depressão. Mas Maria Amélia valia ouro. Era tão valiosa que percebeu o marido entristecido naquela manhã em que podia ficar em casa com ela e com os filhos que gostavam muito da companhia do pai que quase não viam durante a semana. Também pudera! Saía cedinho e até voltar para casa à noite as crianças estavam mais dormindo do que acordadas. A ida à escola! As brincadeiras próprias da idade que consumiam muita energia! A tarefa da escola! Tudo isso trazia a companhia do sono quase sempre antes de Francisco chegar. Também disso ele se ressentia. Nem o direito de conviver com os filhos ele tinha. Era trabalho e mais trabalho!

Os pais ricos colocavam seus filhos nos carrões novinhos reluzindo à luz do dia, cheirando a novo e desfilavam pelas ruas da cidade quando não iam para outros lugares mais distantes. Ele, Francisco, só tinha a oportunidade de estreitar os filhos nos braços aos domingos. Era muito pouco para ele e para os filhos! A coitada da esposa, então, que tempo sobrava para dar-lhe atenção? Foi nesse clima que Maria Amélia resolveu conversar:

- E aí, Francisco? Está triste, meu bem?

- Não sei se triste ou cansado, Maria Amélia.

- Se é cansaço, você tem toda a razão, amor. Mas se for tristeza, expulse-a do seu coração. Somos felizes. Temos um lar e cinco filhos saudáveis. Não nos falta o alimento de cada dia. As roupas não são as da moda, mas vivem limpas e bem-cuidadas. Nossos calçados também. Não temos do que nos queixar. Então, se for tristeza, mande-a procurar outras pessoas. Aqui em casa mora a felicidade!

- Ah, Maria Amélia. O que eu faria sem você. Não é por acaso que você tem "Amélia" no nome. Sabe aquela música: "Amélia é que era mulher de verdade"?

Ambos sorriram.

- Pois então, Francisco. Se você tem a sua "Amélia", xô tristeza! Vá procurar outro lugar.

Francisco fez um minuto de silêncio enquanto pensava o que responder para a esposa.

- Sabe o que é, Maria Amélia. Tenho tanta vontade de dar muito mais a nós todos e nos falta dinheiro. Gostaria de ter um carro para a nossa família. Ter mais fartura de alimento em casa para as crianças. Roupas e calçados melhores. Podermos viajar para algum lugar de férias. Enfim, ter o que outros têm.

- E você, Francisco, por acaso sabe se essas outras pessoas que possuem muito mais do que nós são felizes como somos?

- Só podem ser, Maria Amélia, pois têm tudo o que querem.

- Ah, Francisco. Você não conhece o ser humano? Quanto mais tem, mais quer. Parece até que é pior! Aqueles que possuem somente o necessário são mais felizes do que aqueles que têm o supérfluo.

- Mesmo assim eu desejava ter mais dinheiro para poder oferecer uma vida melhor para todos nós.

- Alguém reclamou disso, querido?

- Não, porque vocês são pessoas especiais! Por isso mesmo queria mais dinheiro para poder dar o que vocês merecem.

- Francisco, o dinheiro em fartura é uma prova mais difícil do que a pobreza, meu bem. O dinheiro abre muitas opções perigosas. Enquanto a pobreza nos mantém "na linha", o dinheiro é um convite para sairmos "dos trilhos", como se costuma dizer.

- Pode ser, mas mesmo assim gostaria de experimentar esse dinheiro sobrando nas mãos.

- Francisco, Deus sabe o que faz! O que poderíamos fazer com muito dinheiro? Ele abre a porta para os excessos. Excesso de alimentação que causa doenças. A tentação para a bebida, para o orgulho, para a vaidade e até mesmo para sermos mais egoístas. O dinheiro transforma o homem em alvo de mulheres frívolas! Sabe Deus qual rumo tomaríamos com ele sobrando em nossas mãos! Somos pobres, mas vivemos em paz. O pouco que temos não nos roubou a paz da consciência. Será que sobraria tempo para todo esse amor caso tivéssemos as outras opções que o dinheiro oferece perigosamente?

- Pode ser, Maria Amélia. Mas, ainda assim, gostaria de experimentar.

E o domingo passou entre diálogos desse tipo entre a esposa e o marido. À noite, Francisco recolheu-se ao leito para o devido repouso de mais uma dura semana de trabalho. "Se fosse rico, poderia dormir na segunda-feira até a hora que quisesse. Não teria que enfrentar a condução superlotada, ficaria mais tempo com os filhos, levá-los-ia à escola, daria mais atenção para Maria Amélia e fugiria de todos os problemas que encontrava no seu dia a dia." - pensava ele.

"Ah! Como gostaria de ser rico! Por pouco tempo que fosse. Só para dar uma experimentadinha! Gostaria, sim. Entendo as colocações de Maria Amélia, mas gostaria de fazer um teste. Como gostaria de ver o malvado do dinheiro sobrando em minhas mãos!" - continuava a pensar no seu mundo de sonhos.

O sono foi se aconchegando ao corpo cansado de Francisco e ele adormeceu com Maria Amélia aninhada carinhosamente em seus braços. A noite de estrelas distantes foi sendo afugentada pelos primeiros raios de sol. Estranhamente, Francisco estava feliz naquela manhã. Maria Amélia dele se aproximou e falou candidamente:

- Amor, tenho uma boa notícia para dar a você.

- É mesmo? E qual seria?

- Tenho um palpite dos números da loteria para você jogar. Uma forte intuição me sugere esses números.

- Mas que boa notícia, Maria Amélia! Por favor, coloque em um papel que irei hoje mesmo fazer a minha "fezinha"!

E Francisco saiu contente para a primeira casa lotérica que divisou. Entrou e fez o jogo. Como era a primeira vez que a esposa se envolvia com seu sonho acalentado há tantos anos, tinha uma fé adicional no palpite dela. Esperou ansioso pelo sorteio. Assim que os números foram sorteados e divulgados, foi conferir o resultado.

– Maria Amélia, meu amor! Você proporcionou-nos o prêmio máximo! Estaremos ricos assim que recebermos esse dinheiro que nunca conseguiríamos trabalhando em várias vidas!

– Fico feliz com a sua alegria, Francisco!

E o dinheiro tão sonhado e tão esperado finalmente caiu nas mãos de Francisco. Fez várias aplicações para garantir o crescimento do capital. Adquiriu uma casa luxuosa para a família. O tão cobiçado carrão que apenas olhava na agência todos os dias veio ter às suas mãos. O alimento antes escasso foi trocado pela alimentação farta e até mesmo exagerada. Roupas da moda para toda a família. Sapatos? Vários pares. Muitos pares para compensar o tempo das vacas magras. Uma bebida alcoólica mais sofisticada e importada adentrou o seu lar. Afinal, com o dinheiro que possuía, que mal fazia? Passou a vestir-se elegantemente. Perfumes importados. Carro luxuoso.

E o interesse das mulheres ambiciosas que viam nele um bom investimento, mesmo sendo casado. "Afinal, uma aventurazinha não tira pedaço de ninguém". Francisco arrumava uma desculpa para tudo. Do simples aperitivo passou a doses mais generosas da bebida. O tempo abundante para os filhos, já que não precisava trabalhar mais, foi ficando mais escasso. Mais escasso ainda do que quando tinha o compromisso com o serviço na pobreza. De um flerte ou outro passou a aventuras amorosas até que a esposa amiga e dedicada descobriu tudo. Foi uma verdadeira tempestade no lar antes calmo e amigo.

– Vou deixá-lo e levo comigo os nossos filhos, Francisco! Onde está o pai de outrora, ansioso por um tempo maior para as crianças? Onde se escondeu o marido companheiro de antes e que agora se atira nos braços de mulheres aventureiras? Onde acabou o homem sóbrio e trabalhador que foi destroçado pelo homem atual alcoolizado, irresponsável, de vida vazia e sem moral?

– Não! Você não vai me deixar, Maria Amélia. Não permito!

– E que moral tem você agora para exigir a mínima coisa de minha pessoa, Francisco?

– Não vai me deixar! Isso é uma ordem!

– E como vai obrigar-me a cumpri-la?

– Com isso daqui! – disse Francisco com sinais de embriaguez e empunhando uma perigosa arma de fogo.

– Até a isso você se prestou, Francisco?! Trazer uma arma para dentro de nossa casa e com os filhos ainda pequenos?

– Daqui você não sai e nem leva os meus filhos, Maria Amélia!

- Pois então impeça-me, Francisco - disse a esposa dirigindo-se para a porta da casa onde havia deixado as crianças anteriormente preparadas, já que o ambiente do lar deteriorara muito.

Um disparo ensurdecedor foi a resposta de Francisco que empunhava a arma em direção a Maria Amélia. Do cano grosso uma chispa de fogo que se assemelhava a um relâmpago em noite de tempestade foi visto e o projétil atingiu mortalmente a esposa que tombou ao solo vertendo sangue do ferimento mortal.

- Não! Não! Maria Amélia! Pelo amor de Deus! Isso não!

Francisco debatia-se muito no leito antes do amanhecer daquele dia quando na noite anterior recolheu-se ao leito acalentando o sonho do dinheiro farto.

- Francisco, acorde, meu bem! Você deve ter tido um pesadelo! Está todo suado e agitando-se muito. O que foi, meu amor? Com que sonhava? Acalme-se.

- Meu Deus! Então tudo não passou de um sonho? Você não me deu nenhum palpite para um jogo de loteria?

A esposa sorriu sem entender sobre o que ele falava.

- Francisco, acho que você comeu muito ontem à noite. Teve um pesadelo. E pela sua agitação, não deve ter sido nada agradável.

- Nem queira saber, Maria Amélia! Nem queira saber!

- Então você acha que eu estou preocupada com

jogos de loteria, meu amor?! Já disse que somos felizes e vivemos em paz mesmo com os apertos da vida. O dinheiro farto é uma prova muito difícil. A situação financeira fácil apresenta ao seu possuidor muitas portas perigosas, enquanto a pobreza nos mantém nos trilhos de Deus, Francisco!

– Nem me fale, Maria Amélia. Nem me fale!

– Pois então! Para que se preocupar com o supérfluo se não nos falta o necessário? Por que abrirmos mão de nossa felicidade e nossa paz em troca de dinheiro que nos roubaria isso tudo?

– É mesmo, você tem toda a razão.

– Você agora concorda comigo?

– Sem nenhuma dúvida.

– Então, venha cá e me dê um beijo de marido apaixonado e depois me conte esse seu sonho, meu amor.

Francisco beijou a esposa carinhosamente agradecendo a Deus pelo fato de tudo não ter passado de um pesadelo.

– O beijo foi muito bom. Agora só falta me contar o seu terrível sonho – disse a esposa carinhosa.

– Maria Amélia, estou atrasado para o serviço que nos proporciona viver em paz e felizes, meu bem.

– Ah! Bela desculpa. Só espero que esse sonho tenha convencido você de que deve sorrir porque já é feliz. Talvez apenas não soubesse.

– E como, minha vida! E como!

****

E você, também se sente infeliz por não ter muito dinheiro? Deseja ser rico mesmo que isso lhe custe a paz e a felicidade que possui e, talvez, ainda não tenha percebido? Medite também no sonho de Francisco para nunca permitir que com você ele um dia se torne realidade. Sorria, porque você já é feliz. Apenas talvez não saiba. E não pretenda aprender com uma grande decepção que possa roubar-lhe os tesouros que os ladrões não roubam e as traças não corroem.

****

Riqueza e felicidade

Há ricos do dinheiro, tão ricos de usura, que se fazem mais pobres que os pobres pedintes da via pública que, muitas vezes, não dispõem sequer de um pão.

Lembra-te, pois, de que todos somos ricos de alguma coisa ante o Suprimento Divino da Divina Bondade, e, usando os talentos que a vida te confia na missão de fazer mais felizes aqueles que te rodeiam, chegará o momento em que te surpreenderás mais rico que todos os ricos da Terra, porquanto entesourarás no próprio coração a eterna felicidade que verte do amor de Deus.

Emmanuel

(livro *O espírito da verdade*, página 161, capítulo 69, FEB.)

A fortuna
(Orientações dos espíritos superiores)

Problemas morais dirigidos a São Luís - *Revista espírita* de maio de 1858, páginas 210 e 211.

1. De dois homens ricos, um nasceu na opulência e jamais conheceu dificuldades; o outro deve sua fortuna ao próprio trabalho; ambos a empregaram exclusivamente na satisfação pessoal. Qual dos dois é mais culpável?

Resp. - O que conheceu o sofrimento: ele sabe o que é sofrer.

2. O que acumula incessantemente, sem fazer o bem a ninguém, achará uma desculpa válida em sua consciência, de que acumula para deixar mais aos filhos?

Resp. - É um compromisso com a consciência má.

3. De dois avaros, o primeiro se priva do necessário e morre de precisão sobre o seu tesouro; o segundo só é avarento para os outros, sendo pródigo para si mesmo. Enquanto se nega ao menor sacrifício para prestar um obséquio ou fazer algo de útil, nada economiza para a satisfação de seus prazeres pessoais. Se se lhe pede um favor, está sempre de má vontade; se quer entregar-se a uma fantasia, nunca lhe falta ensejo de realizá-la. Qual o mais culpado, e qual deles terá o pior lugar no mundo dos espíritos?

Resp. O que goza; o outro já encontrou a sua própria punição.

4. Aquele que em vida não empregou de maneira útil a fortuna, encontra alívio em fazer o bem após a morte, pelo destino que lhe dá?

Resp. Não; o bem vale o que custa.

Joanna de Ângelis

A fortuna, seja como for que se manifeste, é alta responsabilidade de que o seu detentor terá que prestar contas, inicialmente a si mesmo, pelo açodar da consciência responsável quando desperta e impõe a culpa pelo seu mau emprego, e diante da Consciência Cósmica, da qual ninguém se evade por presunção, capricho ou infantilidade emocional...

Na pobreza ou na riqueza, se adquire experiências valiosas que lhe devem constituir patrimônio de crescimento no rumo do Infinito, nessa marcha inexorável pela busca de Deus, ampliando a capacidade de servir e de amar, porquanto, de um para o outro momento, pode soar-lhe uma voz, que dirá: – *Que insensato és! Esta noite mesmo tomar-te-ão a alma...* e que sentido terá tudo quanto foi ou não armazenado, senão quando aplicado com elevação e sabedoria?

(*Jesus e o Evangelho – à luz da psicologia profunda*, páginas 151 e 152, LEAL.)

Provas da riqueza e da miséria

Qual das duas provas é a mais terrível para o homem, a da infelicidade ou a da fortuna? (*L.E.* questão 815.)

- Tanto uma quanto a outra o são. A miséria provoca o murmúrio contra a Providência, e a riqueza leva a todos os excessos.

Por que Deus favorece com os dons da fortuna certos homens que não parecem merecê-los?

- É um favor aos olhos daqueles que não veem senão o presente; mas, sabei-o bem, a fortuna é uma prova frequentemente mais perigosa do que a miséria.

Se o rico sofre mais tentações não dispõe, também, de maiores meios para fazer o bem? (*L.E.* - questão 816.)

- É justamente o que sempre não faz. Ele se torna egoísta, orgulhoso e insaciável. Suas necessidades aumentam com a fortuna, e crê não haver jamais o bastante só para ele.

QUANDO O ESPÍRITO TOMA CONSCIÊNCIA DE QUE É O CONSTRUTOR DE SI MESMO, O ARTÍFICE DE SUA FELICIDADE, ELE NÃO PARA MAIS. ACONTEÇA O QUE FOR, ELE CONTINUA.

Chico Xavier

O GRAVE PROBLEMA NOS OLHOS

ROBERTO VOLTARA DO médico oftalmologista. Estava extremamente desanimado. Fora diagnosticado com descolamento da retina. Conforme explicou o especialista, na retina se encontram os componentes que permitem a formação das imagens através da luz que adentra o interior dos olhos. Semelhante a uma máquina fotográfica, a imagem focalizada passa pela objetiva da máquina e impressiona o filme fotográfico. Pelo menos nas máquinas mais antigas acontecia dessa maneira. Como o olho humano continuava o mesmo, o médico se valera desse exemplo para explicar de maneira simples o problema do seu paciente. Com a retina comprometida, a sua visão sofreria acentuada perda. E essa notícia fez com que Roberto chegasse arrasado em sua casa.

- Pois é, Marina. O teu companheiro aqui vai ficar ceguinho.

- Também não é assim, Roberto. A gente sabe, por ouvir o que acontece com outras pessoas, que os problemas de retina são realmente delicados e complicados, mas não a ponto de ficar cego. O médico não fez uma estimativa do comprometimento da sua visão?

- Sim, fez. Vou perder de cinquenta a setenta por cento da visão do olho atingido. Isso, dependendo do resultado do tratamento que vou ter que iniciar o mais rápido possível.

- Pois então! Não vai ficar cego. Além disso, a sua outra vista está boa. Creio que está exagerando quando emprega essa afirmativa da cegueira. Graças a Deus, tem uma vista com cem por cento de visão.

- Mas a visão perfeita necessita dos dois olhos. Quando um é comprometido gravemente como o meu, o outro não consegue suprir em cem por cento a imagem percebida.

- É claro que o ideal é não ter problema algum, mas ainda bem que ficou com uma vista livre de comprometimento e que exija vigilância acima do normal. É só tomar os devidos cuidados para mantê-la sempre em ordem.

- Pois é. Parece simples assim, não é? E sabe que na sala de espera do consultório havia outras pessoas também com problemas graves?

- Está vendo como muita gente também sofre e não é só conosco que as coisas acontecem?

- É mesmo. Tinha um senhor com um problema chamado glaucoma. É uma doença que não dá sintoma quase nenhum e vai aumentando a pressão do olho e leva a pessoa à cegueira.

- Pois não estava dizendo? A retina anuncia logo que alguma coisa não vai bem e permite o socorro rápido desde que o doente procure o médico.

- Uma senhora tinha uma doença com nome estranho. Se não me engano, chama-se "buraco macular". Uma espécie de rompimento de alguma coisa dentro do olho que também leva à cegueira.

- É para você ver que cada um carrega uma cruz. Não somos os únicos a sofrer neste mundo.

- Sabe o que fiquei pensando de tudo isso, Marina? Por que Deus permite que a visão do ser humano, que é uma coisa tão importante, seja comprometida por todas essas "porcarias" de doenças? É tão importante poder enxergar as coisas e as pessoas! Quem não pode ver não pode tocar e muito menos compreender a beleza das coisas! Parece que o mundo se fecha para essa pessoa ou, em realidade, nunca se abriu para ela.

- Ah, Roberto. Existem tantas criaturas em situação extremamente mais dolorosa que a sua ou dessas pessoas que você viu no consultório!

- Eu sei. Mas com outras doenças e não em relação ao problema da visão.

- Com problemas de visão, sim. Muitíssimas vezes piores do que a sua e dos outros pacientes que você conheceu no médico.

- Só se for aqueles que tiveram seus olhos furados por algum acidente.

- Não, Roberto. Vamos fazer uma experiência. Feche bem os seus olhos de tal maneira que não possa ver absolutamente nada. Mas nada mesmo.

– Está bem. Vou até amarrar um pano preto em volta dos olhos.

– Isso. Agora me diga uma coisa: consegue imaginar uma flor no jardim de nossa casa; um pássaro sentando em um galho de árvore e a emitir o seu trinado; nosso cachorrinho correndo atrás de sua bola; a chuva caindo sobre as plantas, você consegue imaginar tudo isso?

– É lógico que sim, não é Marina? Estou doente da vista e não da cabeça!

– E sabe por que você consegue, Roberto?

– Ora! Claro que sei! Eu já vi tudo isso tantas vezes! A imagem já está registrada no meu cérebro!

– Acertou em cheio! A imagem está no seu cérebro porque você já viu isso muitas vezes em sua vida.

– Não estou entendendo aonde você quer chegar!

– Muito simples, meu amigo! Você já viu e continuará a ver porque o seu problema tem tratamento e controle. Já imaginou aqueles que nascem cegos? Que nunca viram absolutamente nada? E que, por isso mesmo, nem imaginar conseguem? Que se, porventura, vierem a se casar nunca poderão ver os filhos, o rosto da mulher amada ou do marido? Que nunca verão a flor do jardim de suas casas? O voo de um pássaro? A chuva a molhar as plantas? O vento forte a torcer as árvores? O riacho a deslizar manso? O cachorrinho companheiro?

- Chega, Marina. Você está fazendo drama!

- Quem está fazendo drama é você, Roberto. Os cegos de nascença são milhares ou milhões de vezes piores do que você ou do que os seus companheiros de consultório porque nunca viram nada! Não é extremamente pior do que o seu problema, você que já teve a oportunidade de ver praticamente tudo de belo na vida?

- E de ruim também!

- Se viu as coisas ruins teve a oportunidade de se afastar delas. Os cegos de nascença nem isso conseguem. Por isso, Roberto, não valorize tanto o seu problema do olho doente. Dê mais atenção e valor ao olho ótimo que tem! Às oportunidades de enxergar o belo. Agradecer o muito de beleza que já desfilou diante dos seus olhos e que continuarão a desfilar já que continuará a enxergar da outra vista e do olho doente depois de tratado! Sorria porque o seu problema não é do tamanho que descreve. É muito menor. Por isso mesmo, sorria: você já é feliz. Apenas ainda não percebeu o quanto! Mas que ainda está em tempo caso seja isso que resolva valorizar de agora em diante!

Abraçou o marido e depositou-lhe um beijo de bom ânimo sobre a vista enferma. Quando Roberto abriu os olhos, viu a esposa sorrindo para que ele sorrisse também. Afinal, ele era feliz e não sabia.

****

Sinais de alarme

Há dez sinais vermelhos, no caminho da experiência, indicando queda provável na obsessão:

quando entramos na faixa da impaciência;

quando acreditamos que a nossa dor é a maior;

quando passamos a ver ingratidão nos amigos;

quando imaginamos maldade nas atitudes dos companheiros;

quando comentamos o lado menos feliz dessa ou daquela pessoa;

quando reclamamos apreço e reconhecimento;

quando supomos que nosso trabalho está sendo excessivo;

quando passamos o dia a exigir esforço, sem prestar o mais leve serviço;

quando pretendemos fugir de nós mesmos, através da gota de álcool ou da pitada de entorpecente;

quando julgamos que o dever é apenas dos outros.

Toda vez que um desses sinais venha a surgir no trânsito de nossas ideias, a lei divina está presente, recomendando-nos a prudência de parar no socorro da prece ou na luz do discernimento.

Scheilla
(livro *Ideal espírita*, capítulo 27, página 73, CEC.)

A FELICIDADE NÃO ESTÁ NAQUILO QUE NOS FALTA, MAS NA VALORIZAÇÃO DAQUILO QUE JÁ TEMOS.

O autor

O VENDEDOR DE MAÇÃS

RODRIGO CHEGOU DA fábrica onde trabalhava em horário não habitual. Trazia uma das mãos enfaixadas denunciando algum ferimento. Para ser mais preciso, a mão direita. "Justo a mão direita!" - repetia ele reclamando muito. "Ainda se fosse canhoto o mal seria menor, mas justo a direita!" - tornava a dar ênfase o trabalhador.

Ângela, a irmã mais velha e praticamente uma segunda mãe que não se casara para cuidar dos irmãos mais jovens após a enfermidade da progenitora, procurava acalmá-lo.

- O que aconteceu, Rodrigo?

- Não está vendo?! Perdi um dedo lá na fábrica! O que vai ser de mim agora?!

- Calma, meu irmão. Acalme-se para me contar direitinho o que aconteceu.

- Como, calma?! Se eu estivesse empunhando uma arma e assaltando alguém, isso não teria acontecido! Mas como estava trabalhando... Deus não olhou por mim.

- Está cometendo um erro, Rodrigo. Deus está

sempre de plantão em favor de Seus filhos. Nós, sim, é que "dormimos" em relação a Ele quando as coisas vão bem na vida da gente.

- Ah, é? Então, onde Ele estava quando a serra mandou meu dedo para longe?

- Se não me contar o que aconteceu, como poderei ajudá-lo explicando alguma coisa?

- Não está vendo? A serra pegou meu dedo e amputou. Como vou trabalhar agora?

- Me diga uma coisa: qual dedo ela atingiu?

- E isso faz diferença por acaso?

- E muita! Sou bem mais velha do que você, Rodrigo, por isso sei de coisas que você desconhece. Por exemplo: os dois dedos mais importantes das mãos são o polegar que é o dedo mais grosso e curto e o dedo indicador, também conhecido pelas crianças de antigamente como "fura-bolo" porque com ele se cutucava o bolo que a mãe da gente fazia.

- Quer dizer que os demais existem por acaso?

- Você está nervoso, mas já irá entender assim que eu explicar. O dedo polegar e o indicador fazem um movimento como se fosse uma pinça, vê? - dizia Ângela fazendo o movimento de quem vai pegar alguma coisa com esses dois dedos em forma de pinça.

- Não. Não foi nenhum dos dois. Foi o menor deles, o "mindinho", ou seja lá qual for o seu nome. Foi o dedo menor, pronto!

- Está vendo como Deus estava ao seu lado?

– Faça-me o favor, Ângela! Eu perco um dedo e você vem me falar que Deus estava ao meu lado?! Será que era preciso a serra passar no meu pescoço para Ele não estar?

– Mas como você é teimoso, Rodrigo! Não acabei de explicar que os dois dedos mais importantes são o polegar e o indicador que nada sofreram?

– Comigo é tudo ou nada! Ou Deus olha pela gente e nada acontece ou nada feito!

– Mas quem operava a máquina era você. Será que não cometeu algum erro? Algum descuido?

– Pronto! Você está limpando a "barra" de Deus e jogando em minhas costas?

– Olha! Presta atenção. Você está se achando acabado por ter perdido o dedo mínimo.

– E da mão direita! – completou ele erguendo essa mão.

– Pois bem, que seja. Entendo que na sua interpretação, por não ser canhoto, isso o atingiu mais de perto, não é assim?

– Claro! Ainda se fosse da mão que uso menos!

– Estaria a reclamar do mesmo jeito. Nunca gostamos de perder, Rodrigo. Mas deixe-me contar uma história real. Isso que vou te revelar realmente aconteceu.

– Muito bem. Vamos lá, "mamãe" Ângela!

– Existiu um senhor que teve os dois braços amputados em um acidente. Veja bem! Perdeu os dois braços! Você perdeu o dedo mínimo de uma das mãos.

- "Da direita! Da direita!" - reforçou ele levantando novamente aquele braço.

- Que seja. Esse senhor não tinha nem o braço direito e nem o esquerdo. Não tinha nada. Sabe como ele superou essa grande perda?

- Não consigo nem imaginar!

- Pois é! Ele arrumou um sarrafo grosso, amarrou em cada extremidade um pequeno cesto, colocou em cada um dos cestos maçãs para vender.

- E como fazia para fazer o troco quando vendia essas maçãs?!

- Contava que as pessoas eram honestas. Pegavam as maçãs que queriam e elas mesmas enfiavam a mão no bolso da calça dele e faziam o troco.

- E nunca?...

- Nunca foi roubado por ninguém porque quando existe boa vontade, fé e o desejo de trabalhar, tudo caminha bem. Com você, com um trauma muito menor, graças a Deus, nada mudará em sua vida, pode acreditar.

- Mas justo na direita?!

- Rodrigo! Pelo amor de Deus! Não acabei de te contar a história real desse senhor que perdeu os dois braços?! E não pense que ele foi o único, não. Muitas outras pessoas recebem a lesão como um estímulo para crescerem ainda mais! Li certa vez a história de uma jovem que até pilotava o seu avião particular apenas com os pés! Não existem aqueles que pintam quadros segurando o pincel entre os dentes? Ou entre os dedos dos pés? Pois então! Creio que você tem é muito a agradecer de ter perdido apenas um dedinho que só serve para algumas pessoas coçarem o ouvido - fez essa colocação sorrindo a irmã mais velha.

Esperou um pouco mais de tempo observando o irmão e, percebendo que ele estava mais calmo, colocou:

- E já que me chamou de "mamãe", digo: meu filho, sorria porque você já é feliz. Apenas ainda não sabe!

****

Antes que você vire a página, posso fazer uma pergunta? Então, lá vai ela: aquela cutícula um pouco mais crescidinha do seu dedo, está incomodando muito? Não? Que bom! Então também sorria porque você também já é feliz! Só que agora você já sabe.

****

Guarda-te em Deus

Seja qual for a dificuldade, recorda o Todo-Misericordioso que não nos esquece.

E, abraçando o próprio dever como sendo a expressão de Sua Divina Vontade para os teus passos de cada dia, encontrarás na oração a força verdadeira de tua fé, a erguer-te das obscuridades e problemas da Terra para a rota de luz que te aponta as sendas do Céu.

Emmanuel
(livro *O espírito da verdade*, página 52, capítulo 19, FEB.)

A FELICIDADE REAL INDEPENDE DAQUILO QUE SE TEM, MAS É RESULTADO DAQUILO QUE SE É.

Joanna de Ângelis
(Divaldo P. Franco – *Vida: desafios e soluções*, LEAL)

UM RESTAURANTE DE LUXO

SÉRGIO ERA UM adolescente e, como todo bom adolescente, gostava de implicar com tudo aquilo que julgava merecer crítica de sua parte. Reclamava do tênis que não era dos melhores (entenda-se dos mais caros); reclamava da calça *jeans* pelo mesmo motivo; reclamava dos irmãos pelas mais diversas razões; reclamava da escola por não gostar de determinados professores; reclamava da casa que não tinha espaço suficiente; reclamava do cachorro que latia demais importunando-lhe o sono; reclamava da empregada que não executava suas obrigações a contento no seu modo de entender; reclamava do pai que não dava a atenção que os filhos necessitavam; reclamava da mãe que não colocava a empregada e o pai "nos eixos"; reclamava até mesmo de suas reclamações que não eram atendidas! Já sentiram o problema naquela casa?

Mas a figura materna estava devidamente preparada para aquele filho como a maioria das mães. Ou, pelo menos, muitas delas estão.

E naquele dia em que reclamações não poderiam

faltar senão Sérgio não existiria, o adolescente começou a reclamar dos alimentos servidos naquele almoço.

– Ô, mãe! Tá ficando difícil de comer nessa casa!

– E por qual razão, meu filho? Está faltando algum talher? O seu prato não está bem lavado? Esqueci de colocar o seu guardanapo? O seu copo está de tamanho inadequado? O que está tornando difícil a sua refeição, Sérgio?

– Pô, mãe! A senhora tá querendo tirar uma com a minha cara?

– Não, meu filho. Apenas estou tentando detectar o problema para solucioná-lo! Você disse que está ficando difícil de comer aqui em casa e preciso saber o motivo.

– É essa comida aí.

– E o que o nosso alimento tem de errado, Sérgio?

– Ora! Um refogado de chuchu com ovo sem gosto de nada. Uma salada de alface com tomate com pouco azeite. O ovo frito está frio. O bife está duro. Assim não dá, "cara"!

– Pensei que tudo estivesse muito bom porque ninguém reclamou de nada. Seu pai e os seus irmãos se alimentaram muito bem! É estranho tudo estar ruim só para você, Sérgio!

– Não tenho culpa se eles não têm paladar apurado como o meu, mãe.

– E o seu paladar entende tanto assim de comida, meu filho?

- Claro! Pô! Eu leio sobre comidas variadas na internet e elas não têm nada a ver com essa daqui de casa, mãe.

- Temos que considerar várias coisas, meu filho. Esse é um alimento abençoado porque adquirido com o suor do trabalho honesto meu e de seu pai. Outra coisa que temos que levar em conta é o ditado que diz que "o peixe morre pela boca"! Essa alimentação que não lhe agrada é saudável, preparada com todo cuidado de higiene.

- Por essa empregada aí?!

- Essa empregada "aí", como a ela você se refere, tem nome Sérgio. Chama-se Isabel. Trabalha há muitos anos aqui em casa. Viu você nascer. Ela tem toda a minha confiança. Por isso, os alimentos que nos vêm à mesa preparados por ela são de boa qualidade.

- Mas acaba cansando todo dia essa "batida": arroz, feijão, carne, ovo e salada! Eu preciso de pratos variados. Como disse, meu paladar é refinado!

- Se soubesse quantas pessoas no mundo dariam tudo para ter exatamente isso para comer, Sérgio! Nem com uma calculadora você seria capaz de efetuar o cálculo!

- Se ficarmos olhando sempre para trás, daqui a pouco estaremos comendo pão com água!

- Que muita gente nem isso tem todos os dias! Pão e água para aquele que nada tem, é um banquete, meu filho!

– Para mãe! Vamos olhar para frente! Olhar para aqueles que têm mais e nos aproximarmos deles e não dos que estão atrás da gente.

– Engraçado como a vida é, não, Sérgio? Olhar e tomar como exemplo as pessoas que são melhores do que nós moralmente falando, isso não enxergamos. Identificar os que possuem melhor caráter e tentar igualá-los não nos interessa ver! Mas olhar para aqueles que estão em posição financeira melhor e, por isso mesmo comem exageradamente, vestem-se de acordo com a última moda, moram em mansões, desfilam com carrões, aí arregalamos os olhos e enxergamos tudo.

– Mãe! Você está fugindo do assunto. Vamos voltar a falar dessa comidinha daqui. Não tem jeito de dar uma melhorada no cardápio não, minha velha?

– Você insiste que o nosso alimento não lhe agrada mesmo com as considerações que fiz até agora?

– Para ser sincero, é isso aí, mãe.

– Tudo bem, meu filho. Vou levá-lo a um restaurante que não conhece para que você escolha os pratos do teu agrado e assim eu mando Isabel fazer.

– Sério, mãe?!

– Claro que sim. Amanhã mesmo iremos até esse restaurante que você não conhece, mas que está precisando conhecer e escolher pratos diferentes para repetirmos aqui em casa.

– E onde fica esse lugar, mãe?

– Isso é surpresa! Só amanhã você irá conhecer. Enquanto isso, sonhe essa noite com pratos diferentes e amanhã no novo restaurante pode ser que eles também façam os pratos dos seus sonhos. Você escolhe o cardápio e a gente repete durante a semana. Que tal?

- É um "barato", mãe! Ê velha porreta! Tá vendo só? Se eu não toco no assunto a coisa não muda. Assim todo mundo aqui em casa vai comer melhor!

- Tenho certeza que sim, meu filho. Especialmente você que vai ter a oportunidade de escolher o cardápio, não é?

Sérgio abraçou a mãe feliz da vida e foi cuidar dos seus outros afazeres sonhando com o restaurante onde a mãe o levaria e onde poderia escolher pratos novos. "Que delícia, cara! Um restaurante para eu escolher um novo cardápio? É demais!" - exultava o reclamão. Aliás, era a primeira vez que não reclamava de nada.

E saiu antegozando os prazeres da nova culinária que seria deixada sob a sua responsabilidade.

O dia se fez anunciar pelos primeiros raios de sol e Sérgio pulou bem disposto da cama. Não podia esperar mais para conhecer comidas diferentes com as quais poderia montar o novo cardápio da sua casa. "Arroz, feijão, bife e salada! Que ficassem só na lembrança!" - pensava ele enquanto se preparava para ir ao encontro da mãe.

Seguiu até a mesa do café alegre. Os familiares estavam reunidos preparando-se para mais um dia de trabalho e de escola. Sentou-se alegre para o desjejum.

- Bom dia a todos, pessoal!

O pai e irmãos entreolharam-se espantados. O grande reclamador demonstrava um bom humor que não era usual! A mãe percebeu e procurou explicar aos demais membros da família:

- Sérgio está feliz porque hoje vai conhecer um restaurante novo onde poderá escolher os alimentos que forem do seu gosto. Tem reclamado muito da nossa comida, então fiz a proposta para levá-lo a esse novo lugar de muitas opções onde ele poderá escolher o cardápio aqui de casa. Espero que gostem das escolhas dele.

- Mas Elisa! - era esse o nome da mãe - que restaurante é esse?! Além do mais, não temos dinheiro para gastar nesse local! - observou o marido.

Esse era o pai de Sérgio, que não compreendia a conversa da esposa.

- Fique calmo, meu bem. Prometo que não vamos gastar nenhum centavo nesse novo restaurante. Quero apenas mostrar o cardápio ao Sérgio. Ele reclama muito do que comemos às refeições e pretendo mostrar-lhe opções mais variadas.

- E de que adianta outras opções além do nosso alimento se não podemos aumentar gastos? Você sabe bem disso!

- Fique tranquilo. Adianto que não teremos aumento de despesas.

- Ô mãe. A senhora prometeu que eu poderia escolher outras coisas para comer além dessa comidinha "batida" aqui de casa e agora vem com essa conversa que não aumentaremos nossas despesas?

- Sérgio, fique tranquilo. Vamos ao local que desejo que você conheça. Se gostar da comida de lá, prometo que a faremos aqui em casa.

- Promete?

- Se você gostar do que vir por lá, prometo.

Sérgio voltou a animar-se. O marido olhou para a esposa e balançou a cabeça com expressão de não estar entendendo nada daquela conversa. As outras crianças mais novas manifestaram a vontade de ir com ela e com o irmão mais velho.

- Não, meus amores. Vocês vão para escola direitinho. Se o Sérgio gostar, levo vocês também.

Reclamaram como era de se esperar, mas obedeceram à mãe. Sérgio estava aflito.

- Vamos, mãe! Não vejo a hora de ver essa comidinha nova!

- Calma! O restaurante abre mais tarde para começar o cardápio do dia. Agora é muito cedo. Aproveite para fazer as suas obrigações da escola agora de manhã porque à tarde você tem aulas. Eu vou para o meu emprego e no intervalo do nosso café em meu trabalho, volto rápido para casa e iremos juntos para você conhecer o local.

- Não está me enrolando não é, mãe?

- E, por acaso, eu sou de enganar alguém aqui em

casa? Vai cuidar das suas obrigações da escola para podermos ir visitar o novo restaurante. Mais tarde eles estarão com o cardápio do dia bem adiantado e você poderá escolher melhor os novos alimentos.

- Ter que resolver aqueles exercícios chatos!

- Pronto! Já começaram as reclamações! Vá, Sérgio. Na vida não podemos fazer apenas o que gostamos. Vá resolver seus exercícios para depois conhecer a grande quantidade de alimentos que você deseja. Pense neles e os exercícios ficarão mais fáceis! Vá.

O resmungão deixou a mesa de refeições arrastando os pés em atitude de pouco-caso para com as obrigações da escola, enquanto a mãe dirigia-se ao trabalho para mais um dia de serviço. No horário permitido ao café dos funcionários, voltaria para casa e levaria o filho adolescente conhecer o restaurante prometido.

A mãe de Sérgio encostou em frente da residência e tocou a buzina.

- Vamos, Sérgio. Não tenho muito tempo. O intervalo permitido é de meia hora lá no meu serviço.

Rapidamente, como um relâmpago ávido por cruzar o espaço em dia de tempestade, o rapaz já se instalava dentro do veículo da mãe esfregando as mãos.

- É isso aí, dona Elisa! Vamos a esse seu restaurante para renovar o nosso cardápio.

- Vai encontrar uma série de novidades, meu filho.

Na medida em que o carro deslizava célere pelas

ruas, o rapaz foi percebendo que rumavam para a periferia da cidade.

- Que esquisito, mãe! Esse restaurante não é central? Você está saindo do centro em direção à periferia!

- É isso mesmo, Sérgio. O restaurante fica na periferia em um amplo espaço ao ar livre.

- Ar livre?! Que restaurante é esse, mãe?! Trata-se de alguma arquitetura moderna? Nunca ouvi falar dele!

- Nunca ouviu falar, mas ele existe há muito tempo e agora poderá vê-lo e contemplar seus usuários.

O rapaz cada vez compreendia menos, mas uma dúvida de que alguma coisa estava estranha, muito estranha, tomava corpo dentro dele.

O carro parou numa elevação de uma cratera muito grande.

- E agora, mãe. Onde está esse restaurante? Aqui, se não me engano é...

- É isso mesmo, Sérgio. É o que você está vendo. É o aterro sanitário de nossa cidade.

- E a senhora tem coragem de brincar com o seu filho aqui me trazendo para essa imundície? Isso aqui é restaurante de ratos e não de gente!

- Engano seu, meu filho. É exatamente aqui aonde muitas pessoas vêm catar restos imundos para comer! Comprove isso com os seus próprios olhos. Se não tivesse trazido você até esse local, você não acreditaria. Olhe bem, Sérgio. Veja quantos seres humanos fuçam no lixo à procura de alguma coisa para comer.

Realmente. Lá do alto da grande cratera podia se ver muitas pessoas como se fossem formigas revirando o lixo em busca de alguma coisa comestível.

Sérgio aproximou-se mais da borda e não quis olhar por muito tempo. Voltou muito bravo para dentro do carro da mãe.

– A senhora quis brincar com os meus sentimentos e isso não se faz! Vou voltar a pé para casa! Depois dessa sacanagem sua, prefiro caminhar sozinho.

– Se deseja voltar a pé, a decisão é sua. Antes, porém, você vai escutar o que tenho para te dizer.

O rapaz sentado no banco da frente ao lado da mãe, olhava para frente com uma carranca de dar medo.

– Pare de reclamar de nosso alimento sobre a mesa! Como você mesmo pode constatar, muitos seres humanos buscam no lixo o que comer! Se permanecer por aqui verá que o número de pessoas é muito maior do que encontramos agora. Esses que aí estão chegaram mais cedo porque a fome deve estar castigando há mais tempo. Mas existem inúmeros outros que por aqui também buscarão por algo que comer no meio desse lixo. Não são apenas os ratos e outros animais que por aqui se alimentam. Mas seres humanos como nós, Sérgio! E você, todos os dias, desfila suas reclamações sobre o arroz, feijão, bife, ovo frito e salada saudáveis que nos abençoam a mesa de refeição! Você acha que encontraria nesse local algo semelhante para comer?

O rapaz nada respondia e não desviava o olhar para a mãe que conversava com ele.

- Não precisa me olhar. Você está me ouvindo muito bem e, portanto, consultando a sua consciência verá que eu tenho toda razão. Você tem um lar com pais que o amam; irmãos que lhe querem bem; roupa decente e limpa; calçado da mesma qualidade; alimento saudável sobre a mesa enquanto muitos buscam no lixo alguma migalha para saciar a dor da fome; um teto que o abriga nas noites de chuva e de inverno; o agasalho que protege o seu corpo contra o rigor da temperatura; uma cama macia e limpa onde dormir tranquilo; pode estudar e se dar bem na vida por meio do estudo, ou seja, você, Sérgio, já é feliz! Precisa só parar de reclamar e somar tudo o que tem para constatar que não lhe falta nada. Sorria! Modifique a expressão do seu rosto porque você já é feliz. Apenas não sabe...

****

Rogativa do estômago

- Sou a porta de sua sustentação.

Conserve-me limpo.

- Não me enchas de excessos.

Carregando peso desnecessário, é possível venhamos a cair hoje mesmo.

- Não me faça depósito de condimento demasiado.

Obedecendo às leis orgânicas, transmitirei ao seu próprio sangue os venenos que você me impuser.

- Não me dê bebidas alcoólicas.

Se você fizer isso, não garantirei sua própria cabeça. [...]

- Governe-me contra as sugestões da mesa festiva, mesmo nos mais simples prazeres familiares.

Tenho comigo a chave de sua própria harmonia.

- Não me diga que morrerá de fome porque não disponha de mesa lauta.

Por amor de Deus, não olvide que a maior parte das enfermidades vem do prato abundante e que nós não vivemos para comer, mas comemos simplesmente para viver.

André Luiz
(livro *O espírito da verdade*, capítulo 87, página 200 e 201, FEB.)

Um tipo comum de verdadeira infelicidade é dispor de tempo para acreditar-se infeliz.

André Luiz
(Chico Xavier, *Sinal verde*, CEC.)

ENTREGAR PARA DEUS

DUAS SENHORAS MUITO amigas conversavam sobre os diversos problemas da vida. Annabella e Clotilde gostavam desse minuto de prosa que os afazeres domésticos lhes permitiam de vez em quando. Funcionava como um oásis no meio do deserto das dificuldades variadas com que todos os seres humanos se defrontam pelos caminhos da existência.

- E como vão as coisas, Annabella?

- Vivendo com as dificuldades comuns a todas as pessoas, Clotilde. Como você bem sabe, os tempos difíceis nos obrigam a verdadeiras mágicas para solucionar as dificuldades que a vida se nos apresenta. Mas meu problema maior atualmente é meu filho mais velho, o José Roberto. Clotilde, não sei a quem esse menino puxou! É problema na escola. No relacionamento com os irmãos mais novos. Atritos com o pai. Companhias não muito recomendáveis. Quando você vai procurar orientá-lo, aí, então, a coisa fica feia!

- É. Cada pessoa é um mundo à parte, Annabella. Uns filhos são mais dóceis. Outros são almas mais rebeldes e que nos exigem muito mais paciência por uma vida toda.

- Vou falar a verdade, Clotilde. Às vezes tenho vontade de entregar o José Roberto para Deus! Lavar minhas mãos, sabe?

- Não, minha amiga! Deus não aceita devolução!

- Como assim?!

- Quando resolvemos ter um filho, Ele nos entrega à nossa responsabilidade um filho d'Ele para cuidarmos e temos que dar conta do recado! Somos pais e mães por livre opção. Então, minha amiga, temos que dar conta do recado!

- Mas confesso que já estou cansada!

- Diga-me uma coisa honestamente. Você acha que somos filhas ou filhos de Deus que não damos trabalho ao Criador? Veja você quantos crimes. Quantos não passam fome porque outros têm muito enquanto aqueles não têm o mínimo para viver dignamente. É a história do necessário e do supérfluo. Uns não possuem o necessário. Outros esbanjam. Deus contempla mães abandonando seus filhos em lata de lixo, em praça pública. Filhos arquitetando a morte dos próprios pais. Homens estuprando mulheres, sendo ambos filhos de Deus. Isso não entristece o Criador? E mesmo assim Ele não desiste de nós. Não nos devolve ao nada. Continua firme em sua tarefa. Até nos enviou Jesus, nosso irmão mais velho, para nos ensinar pessoalmente como agir e continuamos cometendo erros tristes. Mas Deus prossegue em sua determinação de educar-nos. Como podemos desistir diante de problemas bem menores?

- Acontece que Ele é Deus e eu não sou. Sou apenas uma simples mãe!

- Concordo, Annabella. Mas você tem apenas um filho problemático. Deus tem milhões, milhares de filhos que desobedecem às suas leis de amor todos os dias por esse mundo. E, mesmo assim, não desiste. Não pensa em devolver-nos ao nada.

Esperou alguns segundos e retornou a sua argumentação.

- Por exemplo, Annabella, você tem que ir a uma penitenciária visitar seu filho porque ele tenha cometido algum crime?

- Não, não! Graças a Deus, não!

- Ah! Está vendo? Você acabou de concordar que Ele está ajudando você ao dizer que "graças a Deus" você não tem um filho preso. E por acaso você tem um filho que rouba o próprio lar para comprar drogas?

- É claro que não! Deus me livre de uma situação dessas!

- Está vendo como você voltou a falar n'Ele? E parece que Ele está te ouvindo quando você diz "Deus me livre"! Percebe como Ele está com cada pai e mãe aqui na Terra para educarmos os filhos d'Ele que nos são entregues em regime de grave responsabilidade?

Mas vamos prosseguir. Seu filho é um alcoólatra que vive caído pelas sarjetas da cidade?

- Clotilde! O que está acontecendo com você, minha amiga?! José Roberto nunca se envolveu com bebidas!

- Está vendo só? Mas parece que nunca parou para pensar nessa possibilidade. Já imaginou como o problema seria muito maior?

- Também você coloca cada situação de extremos!

- Não, Annabella, coloco situações que muitas mães vivem e que nós não sabemos e nos damos o direito de reclamar por pequenos problemas!

Tornou a esperar mais algum tempo para que a amiga absorvesse seus argumentos.

- Tem algum filho "jurado de morte" por algum envolvimento com bandidos?

- Não suporto nem pensar numa ideia dessas! Acho que enlouqueceria!

- Pois é, Annabella! Muitas mães enterraram seus filhos nessas condições! Diga-me mais: alguma vez José Roberto, de quem você está reclamando, já pensou em matar você ou o seu marido?

- O que deu em você, Clotilde? Parece que perdeu o juízo!

- Não, amiga. Estou apresentando a você situações da vida real que muitos pais enfrentam. Por acaso nunca ouviu em um noticiário que pais foram mortos em planos arquitetados pelos próprios filhos?

- Claro que sim.

- Pois então! Essa não é a sua situação. Que dificuldades estaria enfrentando para queixar tanto, amiga? Já pensou se tivesse um filho ainda pequeno internado num hospital do câncer fazendo quimioterapia ou com algum membro amputado para tentar salvar a vida? Isso sim é situação de extrema preocupação e dor e não os problemas comuns do dia a dia que qualquer filho apresenta. Se recebêssemos filhos já prontos de Deus, para que serviríamos? Um professor que só tivesse alunos que tudo soubessem, qual seria a utilidade dele como professor?

- Você também leva as coisas para os extremos, Clotilde.

- Mas é preciso para conseguirmos enxergar as bênçãos que já temos ao invés de reclamar pelo pouco que ainda não conseguimos, Annabella. Se o sol não se pusesse, não conheceríamos a beleza de uma noite de lua bordada de estrelas. Assim é a vida. Se enxergarmos só o que está a nossa frente sem olhar para trás, parece que não temos nada na vida e a coisa não é assim.

- Infelizmente é verdade.

- Pois então. Já imaginou um filho deficiente durante toda uma existência e que às vezes é longa? Os pais veem o filho sofrendo sem nenhuma esperança! Esses casos não são tão raros assim, é que não ficamos sabendo. Já li e ouvi declarações de mães vencedoras que agradeciam a Deus os filhos deficientes que chegaram aos seus lares. Faziam desses filhos um estímulo para continuarem a lutar com mais coragem ainda e com vontade de viver. O filho problema era uma razão para não desistirem da vida. Agora, devido a um pequeno problema que nossos filhos apresentam porque não são perfeitos como nós mesmos também não somos, vamos viver reclamando e desistindo deles? Deus nos entregou esse filho para cuidarmos e devolvermos melhorados ao Criador. Desde quando assumimos a responsabilidade da maternidade e da paternidade, consequentemente marcamos um encontro com o trabalho da educação desses filhos que, em verdade, são filhos de Deus antes de serem nossos. Então, minha amiga, mãos no serviço em favor do José Roberto para você entregá-lo em uma edição melhorada a Deus. Como você mesma conseguiu analisar com os exemplos que citei, ele é um filho absolutamente normal com os pequenos problemas que cada um de nós também traz quando nascemos e fomos bem recebidos pelos nossos pais.

– É verdade. Foi muito bom conversar com você, Clotilde.

– E sabe por quê? Você já é feliz! Sorria! Você é muito feliz com esses pequenos problemas desse filho. Apenas não sabia!

Abraçaram-se as duas amigas e, logo depois, cada uma seguiu em direção às suas responsabilidades. Ao invés de uma, agora as duas eram felizes e sorriam por isso!

Tenho certeza que você também pode se sentir feliz e sorrir prestando atenção nos filhos que abençoam seu lar, não é verdade?

QUANDO O CÉU ESTIVER CINZA, A DERRAMAR-SE EM CHUVA, MEDITE NA COLHEITA FARTA QUE CHEGARÁ DO CAMPO E NA BELEZA DAS FLORES QUE SURGIRÃO NO JARDIM.

André Luiz
(Chico Xavier, *Sinal verde*, CEC.)

AS ROUPAS QUE MUDARAM DE DONO

- MAMÃE! ESTOU precisando de roupas novas! Isso para não falar em meus sapatos que já estão fora de moda.

Era Cristina que conversava com a sua mãe, dona Elza.

- Minha filha, suas roupas estão em ótimo estado de conservação. Temos que considerar que os preços de novas peças desnecessárias custam muito caro! A vida está difícil para termos o necessário, minha filha. Para que buscarmos o supérfluo?

- Mas não é supérfluo, minha mãe. Estou precisando de roupas novas!

- Que custarão muito caro. Seria um gasto desnecessário. Esse dinheiro tem uma finalidade mais urgente dentro de nossa casa, Cristina. Temos que fazer frente às despesas de energia elétrica, de material de limpeza, de água, da nossa alimentação, da própria conservação da casa em que moramos e que, felizmente, é nossa. Suas roupas, volto a repetir, estão em ótimo estado de conservação. Poderão ser usadas ainda por muito tempo. Quanta gente se sentiria como uma verdadeira princesa se dispusesse das suas roupas, minha filha?!

– Mas minhas amigas estão andando mais bem-vestidas do que eu, mamãe! Roupas da moda, a senhora entende? A moda muda e por melhor que as roupas estejam em bom estado, elas ficam desatualizadas.

– Mas você está bem-vestida. Não fica "cafona" com o que possui, Cristina. Pode não estar rigorosamente na moda, mas está bem-vestida e apresentável. Insisto com você que muita gente não dispõe nem de alguns trapos para trocarem de um dia para o outro, minha filha.

– E os meus sapatos? Vou ter que esperar furar a sola para poder comprar outro?!

– Mas como furar a sola, Cristina? Estão novos também. Não há necessidade de serem substituídos. E repare bem que não é apenas um par ou dois. Você dispõe de várias opções, Cristina. Muita gente...

– Ah! Já sei! Muita gente não tem com o que se calçar, não é assim? É o sermão de sempre. Sempre olhando para trás, nunca para frente.

– Exatamente isso, Cristina. Olhando para trás temos um bom método para avaliar o muito que temos! Quando nos voltamos para aqueles que nada possuem, somos imensamente ricos. Enquanto vivemos olhando para frente, somos sempre pobres. O que você prefere?

– Eu prefiro viver como eu penso sem olhar para

nada. Se não está bom para mim, pouco me importa como estão os outros.

- Quem pensa desse modo nunca é feliz. Até mesmo gente famosa, milionária, que tem de tudo, não consegue ser feliz porque procura por essa felicidade nas coisas de fora e não a procura dentro de si mesma.

- Ah, mãe! Para, vai! Parece uma religiosa falando! Vamos voltar ao assunto dos meus vestidos e dos meus sapatos?

- Se você prefere assim...

- Prefiro, sim. E aí? Como fica meu guarda-roupa novo e meus calçados?

Dona Elza pensou um pouco e sugeriu:

- Façamos o seguinte: separe todas as suas roupas e sapatos que você acha que não servem mais.

- Para quê?

- Separe primeiro. Depois eu explico melhor.

- Ainda bem que a senhora parece que se convenceu de que preciso renovar minhas roupas e sapatos!

- Pois é. Mas primeiro separe todas as peças de roupa e sapatos. Depois conversaremos.

À noite Cristina se movimentava no quarto a pleno vapor. Entusiasmada com a sugestão da mãe de separar todas as roupas e sapatos que, segundo ela, já estavam fora de moda, rapidamente separou todas as peças. O guarda-roupa ficou quase vazio. O mesmo ocorreu com o local onde guardava seus vários pares de sapatos. Na hora do jantar apresentou-se sorridente à mãe:

- Pronto, mamãe! Obedeci à sua sugestão e separei minhas roupas e sapatos que já não me servem mais.

O pai ouviu a conversa e interveio:

- Como assim, não servem mais?! Tenho visto você sempre bem-vestida, minha filha. Os seus calçados da mesma forma estão em ótimo estado!

- Ora, papai! O senhor é homem e não entende nada de moda!

- Mas entendo, e muito bem, de gastos. E não temos dinheiro para nos darmos ao luxo de desprezar o que nos serve de maneira satisfatória. Por favor, não invente despesas, minha filha.

- Acho que toquei no assunto na hora errada, não é mamãe?

- Não, minha filha. Falou exatamente na hora certa porque o seu pai tem todo o direito de opinar nos gastos da casa como um todo. Afinal, ele é o arrimo da família e quem sabe o quanto custa ganhar tem todo o direito a manifestar-se.

- Mas a senhora prometeu...

- Não prometi nada, Cristina. Apenas pedi que você separasse tudo o que já não lhe servia mais. Nada, além disso.

- Já separei. E agora, o que a senhora vai fazer?

- Nós duas vamos dar umas voltas por aí. Antes, porém, quero ver as roupas e os sapatos separados por você.

- Mas para quê, mamãe?

- Vamos juntas olhar as roupas e os sapatos.

- Estão em meu quarto.

- Pois vamos até lá logo depois de jantar.

Dito e feito. Após a refeição da noite, Elza e Cristina estavam no quarto da jovem.

- Vejo que não sobrou quase nada de roupas e sapatos, Cristina. Você separou quase tudo.

- A maioria está fora de moda como já disse, mamãe.

- Muito bem. Agora, separe dois entre os vestidos que seriam os últimos dos quais você se desfaria. Com os sapatos faça o mesmo. Separe dois pares dos quais você se separaria por último.

- Mas por que isso, mamãe?!

- Faça como estou pedindo, minha filha.

Sem entender a razão do estranho pedido, mas já com o seu humor comprometido, Cristina separou as roupas e os calçados seguindo o pedido da mãe.

- Muito bem. Agora nós duas vamos dar umas voltas por aí.

- Mas a essa hora da noite, mamãe?

- Sim. Vamos levar para a perua as roupas e os calçados que já não lhe servem mais.

- Mas para quê, mamãe?!

- Na medida em que as coisas forem acontecendo, você entenderá porque é uma moça inteligente. Tenha só um pouco de paciência.

Dito isso, auxiliou a filha espantada e mal-

-humorada a levar tudo para o carro. Deu partida e saíram as duas.

- Mas, mamãe!

- Olhe e observe que entenderá.

Alguns poucos quilômetros distantes da casa delas, Elza parou a perua sob uma ponte onde algumas pessoas se abrigavam da noite deitadas ao chão sobre pedaços de papelão e cobertas com trapos.

Elza desceu e chamou:

- Dona Sebastiana, por favor, venha até aqui.

Aproximou-se uma mulher magra, mal alimentada e malvestida que abriu largo sorriso ao contemplar a mãe de Cristina.

- Dona Elza! A senhora novamente por aqui?! Deus seja louvado!

E colocou as mãos postas para o céu.

- Sebastiana, minha amiga. Esse vestido lhe serve? - disse Elza erguendo com as duas mãos uma das peças separadas pela filha.

- Dona Elza! Isso para mim é um luxo!

- Pois então é seu. Pode ficar com ele. Já não serve mais para Cristina, minha filha.

- Mas mamãe! - tentou comentar Cristina.

Dona Elza não deu tempo a maiores comentários da filha e colocou:

- É um presente da minha filha para você, Sebastiana. Leve, minha amiga. Fique com Deus.

A mulher agarrou aquela peça nova de roupa

como se fosse um tesouro caído do céu e recolheu-se sobre o papelão da calçada aninhando a preciosa prenda entre os braços.

Diante dos olhos espantados da filha, dona Elza entrou na perua e falou:

- Vamos continuar, Cristina. A noite é longa!

- Mas o que a senhora está fazendo? Entregou um vestido em excelente estado para uma mendiga?!

- Não. Não estava em bom estado, em seu ponto de vista. Prova é que você o separou porque não lhe servia mais. Mas para essa pobre mulher que se cobre com trapos, ele chegou como uma bênção dos céus. E vamos continuar.

Diante do olhar espantado da filha, rumou para uma das favelas. Parou o carro diante de casebre caindo aos pedaços e chamou:

- Dona Joanna, a senhora está em casa?

Um vulto denunciando a pobreza muito grande que por ali existia surgiu à porta do barraco.

- Olá, dona Elza! A senhora de novo, minha amiga!

- Venha até aqui na perua, Joanna, e escolha um destes vestidos.

Cristina tentou intervir novamente:

- Mamãe! O que a senhora está fazendo?!

- Não está vendo, Cristina? Dando para quem nada tem o que já não te serve mais.

Joanna aproximou-se do veículo e seus olhos faiscavam de alegria ao contemplar as peças de roupas lindas que via sobre o banco traseiro e no porta-malas.

- Pode escolher um, minha amiga.

- Posso mesmo, dona Elza?

- Claro que sim. Já não servem mais para minha filha!

- Meu Deus! Mas estão novinhos!

Joanna não teve nenhuma dúvida de apanhar o primeiro à sua vista já que todos estavam ótimos! E antes que se afastasse com a preciosa prenda presa rente ao peito, ouviu novamente a voz de Elza:

- Pode escolher também um par de sapatos para a sua filha que está ficando mocinha, Joanna.

- É que os sapatos são grandes para os pés dela. Mas se posso escolher mesmo, a gente coloca um pouco de jornal velho dentro e a menina usa até crescer mais.

- Pois pode pegar, Joanna. Leve um par para sua filha porque para a minha já não serve mais.

- Mas, mamãe! O que a senhora está fazendo?! Enlouqueceu?! - interveio Cristina

- Não, minha filha. Apenas estou dando para quem nada tem aquilo que não serve mais para você.

Esperou a filha absorver a lição que queria transmitir e, olhando-a com o canto dos olhos, prosseguiu:

- Vamos continuar a distribuição para as pessoas que nada têm e que se beneficiarão muito daquilo que já não lhe serve mais, Cristina.

E dona Elza continuou sem vacilar a visitar as pessoas muito pobres que conhecia e que foram sendo beneficiadas uma a uma até a última peça de roupa e o último par de calçado.

- Pronto! Acabamos a distribuição daquilo que não servia mais para você, minha filha. Pelo menos essas pessoas carentes vão dormir felizes e despertarão com roupas novas no dia de amanhã.

- Muito bem, dona Elza! E quanto a mim? E quanto a sua filha? Vou vestir exatamente o quê?

- Vai vestir, revezando, os dois vestidos que escolheu para dar por último e que não trouxemos. Eles serão a sua vestimenta e os dois pares de sapatos que segundo a sua escolha seriam os últimos a serem doados por mim, serão os seus calçados.

- Se com todos os vestidos que a senhora deu eu já não tinha o que vestir, imagine agora!

- Cristina, sorria, minha filha porque você era feliz e não sabia.

- Ah! Muito bonito! Ainda por cima tenho que sorrir porque era feliz! Quer dizer então que não sou mais. E tenho, mesmo assim, que sorrir?! A senhora perdeu o juízo, isso sim!

- Não, Cristina. Você realmente era feliz e não reconhecia. Viu quantas pessoas nada tinham para vestir ou calçar e o quanto as roupas e sapatos que você desprezava acudiram essas pessoas extremamente sem recursos?

– Se eu era feliz, o que sou agora, dona Elza?

– Você, por enquanto, é infeliz para aprender a valorizar as coisas quando as possui. Aos poucos e de acordo com as nossas possibilidades, iremos repondo o seu guarda-roupa e os seus calçados.

– Mas isso vai demorar um século!

– Você pode acelerar o processo arrumando trabalho. Quando adquirimos nossas coisas com o nosso dinheiro, sabemos valorizá-las muito mais. E valorizando-as mais, somos ainda mais felizes.

A moça não respondeu tamanha era a carga de contrariedade que tinha dentro de si. De ódio mesmo pelo que a mãe tinha feito.

– Onde já se viu jogar fora todas as minhas roupas e sapatos dessa maneira!

– Mas, filha! Foi você mesma quem disse que já não serviam mais! Que estavam fora de moda! Para essas pessoas que nada tinham, vieram em hora abençoada.

– Nunca vi uma mãe tomar tal atitude com a própria filha!

– Foi para você aprender que já pode sorrir porque é feliz.

– Está vendo?! A senhora enlouqueceu! Como posso estar feliz se deu tudo o que eu tinha?!

– E que, segundo você mesma, já não serviam mais. Mas pode ser feliz porque quando vier a reconquistar tudo o que perdeu, terá condições de reconhecer a felicidade quando ela estiver junto a você ao invés de ficar reclamando de tudo enquanto muitas pessoas nada possuem. Sorria, Cristina. Se não é feliz, hoje você aprendeu a reconhecer a felicidade quando ela voltar a bater em sua porta, minha filha!

Aquela noite ficaria gravada para sempre como um aprendizado profundo nos sentimentos de Cristina que já podia sorrir. Afinal, ela iniciava o caminho para aprender a reconhecer a felicidade e abraçá-la firmemente quando a mesma retornasse representada por roupas generosamente limpas e em ótimo estado de conservação, embora a moda as considerasse à margem da atualidade.

Por falar sobre isso, como vai o seu guarda-roupas e os seus sapatos? Existem alguns dos quais você já pode dispor ou eles todos estão ótimos? Se a resposta for afirmativa, sorria porque você é feliz! Muitos nada têm com o que se vestir ou proteger os pés. Se a sua resposta for negativa, ou seja, se as suas roupas e os seus calçados já não o satisfazem mais, faça como a mãe de Cristina. Existe muita gente precisando do que já não lhe serve mais para sorrirem também.

Em vão buscaremos ao longe a felicidade, se não a cultivamos dentro de nós.

Jean-Jacques Rousseau

O SACO SEM FUNDO

MARIA ALICE ERA uma jovem esforçada. Nascera em um lar onde era amada juntamente com seus irmãos. A família não era rica. Todos trabalhavam para colaborar com os pais. Pela manhã, quando abria a janela do seu quarto para que a luz e o calor do sol inundassem o ambiente, contemplava o pequeno jardim existente bem à frente dela e dizia para si mesma:

– Assim que tiver um emprego estável com o qual possa ganhar o meu próprio sustento, serei feliz. Tenho quase tudo que a vida pode dar a uma pessoa. Pais que me amam. Irmãos com os quais me entendo bem. Saúde boa. Um lar. Só me falta esse emprego mais seguro que eu hei de conseguir.

E continuava o seu dia enfrentando as lutas características de cada pessoa. Tanto batalhou que acabou conseguindo o tão sonhado emprego. Já seria feliz, portanto? Vamos ouvi-la em uma nova manhã em que acabara de abrir a janela do seu quarto por onde os raios de sol adentravam.

– Que bom, meu Deus! Consegui finalmente um

serviço estável e com renda digna. Agora, para ser feliz, gostaria de encontrar um homem a quem eu amasse e, da mesma forma, sentisse o mesmo por mim.

Na mesma cidade, sem se conhecerem, Luiz Eduardo tinha pensamentos semelhantes aos de Maria Alice. Pensava ele:

– Já tenho um emprego com boa renda. Um lar em que sou amado e amo a todos. Saúde é o que não me falta. Para ser realmente feliz é só encontrar uma mulher que me queira realmente bem e com quem eu possa traçar planos para dias felizes. Uma companheira com quem possa sonhar e lutar pela concretização desses sonhos!

E a vida, com essas artimanhas que lhe são próprias, um dia colocou frente a frente esses dois jovens, Maria Alice e Luiz Eduardo. Numa noite de balada onde procuravam descansar de uma semana de muito trabalho, os dois acabaram por se falar e se comprometeram a conhecer-se mais profundamente.

Pois bem: tinham o emprego seguro e tudo indicava que acabariam por se envolver já que pensavam de maneira muito parecida. E foi isso exatamente o que aconteceu. A vida jogava a favor dos dois. Vamos até a janela de Maria Alice em mais uma manhã?

– Ah! Parece que meus sonhos estão para se concretizar! O emprego bom e agora esse rapaz que parece compreender meus mais sinceros sentimentos. Vejo que a felicidade está bem próxima dessa vez.

E Luiz Eduardo? Pensava de forma semelhante:

- Creio que, enfim, estou colocando as mãos na felicidade. O emprego seguro. A mulher que tem os predicados que desejo.

E acabaram por se casar, enfim. Seriam felizes agora? Vamos ouvir uma conversa dos dois?

- Ah!, Luiz Eduardo! Como a vida tem nos abençoado, meu amor. Só falta mesmo conseguirmos comprar o terreno de nossos sonhos onde iremos construir a nossa casa para que a felicidade habite entre nós!

- Concordo com você, meu amor! Tudo indica que nascemos para sermos felizes assim que conseguirmos esse terreno e construir a nossa casinha.

E como trabalhavam com afinco, o terreno foi comprado.

- Agora, meu amor, só nos falta construir a casa que temos desenhado tantas vezes no papel quando nos encontramos à noite, não é mesmo? A felicidade está se aproximando de nós!

- Nem diga, Maria Alice. Se aproximando rápido, diga-se de passagem. Está praticamente aí!

E a casa dos sonhos com muito trabalho e economia levantou-se do chão e tornou-se realidade para a felicidade de ambos. Ou, ainda, não?

Enlaçada ao marido e dentro da residência cheirando a nova, ela assim se expressava:

- Nunca pensei em conseguir tão rápido, Luiz Eduardo! Nossa casa! Nosso sonho!

– O mesmo sinto eu, meu amor! Quanta luta, quanta economia, quanto sonho e, agora, a realidade da nossa casa!

– Pois é, Luiz Eduardo. Estava pensando...

– Diga, meu amor!

– Para sermos completamente felizes é só conseguirmos comprar o nosso carrinho para termos maior conforto nos dias de chuva ou de sol muito forte, não pensa assim também? Dessa forma a garagem não ficaria vazia como está.

– Parece que você adivinha meus pensamentos, Maria Alice! Era exatamente disso que estava sentindo falta. Esse carro irá completar a nossa felicidade! E vamos conseguir, você verá!

E Maria Alice viu mesmo. Mais um período de muito trabalho e economias e o carro tão desejado estava na garagem antes vazia.

– Não é lindo, Luiz Eduardo? E que cheiro bom esse de carro zero quilômetro, não é mesmo? Nunca tinha sentido antes.

– E nem eu, Maria Alice. Nem eu. Sabe que às vezes levanto à noite e venho olhar na garagem para ver se realmente é verdade? Se não estou sonhando? Mas, aí está ele. Nosso sonho realizado.

– Pois é, Luiz Eduardo. Vamos ver se você me conhece realmente bem. O que falta agora para sermos completamente felizes?

– Deixa-me ver... Para falar a verdade, não sei.

- Ah! Como esses homens são insensíveis, meu Deus! Não sabe mesmo?

- Não amor. Se soubesse eu diria só para vê-la feliz.

- Vou falar bem baixinho em seu ouvido.

E Luiz Eduardo, curioso, abaixou a cabeça para que a esposa pudesse falar-lhe em um dos ouvidos. Ela fez uma espécie de concha com as mãos e sussurrou:

- Para sermos plenamente felizes, falta-nos um filhinho, meu amor. Uma criança a correr por essa casa!

- Ah! Desculpe não ter imaginado isso, meu bem.

- Não tem importância. Se concorda, vamos conseguir mais isso em nossa vida.

E o menino nasceu forte sem nenhum problema. Era fruto de um casal jovem e saudável. Maria Alice tomou todos os cuidados no pré-natal e o filho abençoou-lhes a vida. Seriam agora completamente felizes? Vamos até o quarto do casal contemplando o filhinho no berço no quarto em frente.

- Luiz Eduardo, serei completamente realizada, feliz mesmo, a hora em que eu vir esse menino transformar-se em um homem feito. E um homem de bem. Um vencedor!

- Estava a pensar o mesmo, Maria Alice. Agora a nossa preocupação é encaminharmos bem esse menino para ficarmos completamente em paz.

- E a nossa menina também!

- Como assim?!

- É que estou grávida novamente!

- Você?...

- Sim. Afinal, ele precisava de um irmão ou de uma irmã. Não podemos ser egoístas! Um filho só é problema para os pais e para ele quando crescer.

- Se você pensa assim, Maria Alice...

- Seremos completamente felizes assim que os criarmos, meu bem!

- É!...

Os filhos cresceram sem maiores problemas e vamos encontrar o casal já em idade mais madura a comentar sobre eles:

- O Carlinhos já está numa faculdade, Luiz Eduardo. Só falta a Camila também entrar para podermos ficar em paz e completamente felizes, não é mesmo?

- Concordo com você, Maria Alice. Enquanto esses dois não se formarem e se encaminharem na vida, teremos nossas preocupações a impedir nossa felicidade total.

Os filhos se formaram. Encaminharam-se na vida. Casaram-se e vamos nós novamente escutar a conversa de Maria Alice e Luiz Eduardo.

- Ah, Luiz Eduardo! Parece mentira que tanto tempo já se passou desde aquela noite em que nos conhecemos na balada, lembra-se?

- Lógico que sim, Maria Alice! Lembro-me bem.

- Agora estamos quase velhos! E seremos completamente felizes quando esses dois nos derem netos, não é? Já imaginou nossos netinhos correndo por essa casa?!

- É! Maria Alice. É!...

Ficou quieto um pouco de tempo e foi interrompido em seus pensamentos pela esposa:

- O que foi meu bem? Não gostou da ideia de netos em nossa volta?

- Não é isso, Maria Alice.

- O que é, então? Você ficou tão estranho de repente!

- Estava aqui a pensar com os meus "botões"...

- E a pensar sobre o quê, Luiz Eduardo? Posso saber?

- Não. Deixa pra lá.

- Não. Você nunca me escondeu nada e, portanto, quero que me diga o que tem nessa sua cabecinha.

- Não, Maria Alice. Deixa pra lá.

- Não deixo não, meu bem. Se não me disser vou pensar que não confia mais em mim.

- Tá bom. Então eu digo. Fomos jovens. Nos tornamos adultos. Nos casamos. Compramos o terreno de nossa casa. Conseguimos realizar esse nosso sonho. Depois vieram os filhos e as preocupações com a educação deles.

- Sim, meu amor. A vida é assim mesmo. Uma sucessão de preocupações que não têm fim.

- Agora temos os netos.

- E que alegria, não?

- Sem dúvida.

- Mas pare de enrolar. O que estava pensando?

- Se quer mesmo saber...

- Claro que sim!

- Será, Maria Alice, que quando a morte chegar ela trará essa tal de felicidade que ficamos a aguardar em nossas vidas como se faltasse sempre algo para que ela existisse?!

***

Me perdoe paciente leitor e leitora. Não vamos continuar essa conversa entre os dois. Já observamos bastante, não é mesmo? Sempre estava a faltar algo para que a felicidade chegasse até o casal porque o recipiente em que eles colocavam as condições para que ela existisse era um saco sem fundo.

Quem nunca ouviu essa expressão popular: "saco sem fundo"? Dificilmente um adulto a ignora, não é mesmo? Quantos exemplos a vida não nos fornece no seu dia a dia? Quanto mais dinheiro, mais o saco fica sem fundo. Sempre é preciso ajuntar mais. Ter mais. Quanto mais beleza, tanto se procura aprimorá-la. Quanto mais poder, tudo é feito para aumentá-lo mais ainda. Quanto mais propriedades, mais coisas se procura ter. Quanto mais novo o carro, mais se cobiça um carro melhor. Quanto mais confortável uma casa, mais se sonha com uma casa maior. Quanto mais roupa diferente a pessoa tem, mais se aumenta o guarda-roupa. Quanto mais pares de sapato, mais calçados se deseja embora os pés continuem apenas dois. Quanto melhor se come, mais se busca receitas novas e exóticas. É característica do ser humano que está sempre colocando o limite das suas cobiças sempre um passo adiante de onde se encontra.

Na vida de Maria Alice e Luiz Eduardo também existia esse tal de saco sem fundo onde sempre faltava algo para que fossem felizes.

Existem pessoas para as quais a vida está sempre começando e nunca começa. Está sempre faltando algo que nunca chega. Estão sempre procurando por algo que não sabem do que se trata. O exemplo de Maria Alice e Luiz Eduardo nos deixa muito claro essa situação. O sonho de um trabalho melhor. Depois o sonho com um companheiro que a amasse verdadeiramente. O sonho da casa própria. Do carro novo. Dos filhos. Do encaminhamento desses filhos para uma situação estável na vida. A espera por netos que enchessem a casa de alegria e, dessa maneira, a vida foi se escoando à espera de uma felicidade para a qual sempre faltava algo. Nunca se completava. Estava sempre um passo adiante deles.

Mário Quintana, o consagrado literato brasileiro, tem um pequeno texto no qual ele diz que um vovozinho procurava ansiosamente os óculos que estavam exatamente sobre o próprio nariz, mas ele não enxergava. Com a felicidade se passa mais ou menos isso. Ou como nos ensina o poeta Vicente de Carvalho no texto citado no início do livro: a felicidade é uma árvore de dourados pomos que existe sim, mas ela nunca está onde nós estamos porque sempre a colocamos onde nós não estamos.

O próprio enfrentar dos obstáculos; termos saúde suficiente para superar os problemas; poder enxergar o nascer do sol ou contemplar o brilho das estrelas; reparar na flor que desabrocha no jardim de nossa casa; ver o rosto do filho feliz que desembrulha o presente desejado no aniversário; poder dirigir nosso veículo; caminhar com as próprias pernas ou tudo o mais que a sua imaginação puder enumerar, isso já é felicidade. Felicidade não é ausência de dificuldades, mas a capacidade de superá-las. Quando estamos na luta e superando os problemas, estamos na presença da felicidade. Maria Alice sempre postergava o reconhecimento de que era feliz arrumando alguma coisa ou algo que estava a lhe faltar. Com essa atitude passou pela vida sempre aguardando a felicidade quando esteve com ela inúmeras vezes pela existência afora. Sempre empurrava a árvore de dourados pomos do poeta um pouco para frente.

Felicidade é possível sim, como nos ensina Joanna de Ângelis no livro *O homem integral*, página 120:

> A felicidade relativa é possível e se encontra ao alcance de todos os indivíduos, desde que haja neles a aceitação dos acontecimentos conforme se apresentam. Nem exigências de sonhos fantásticos, que não

se corporificam em realidade, tampouco o hábito pessimista de mesclar a luz da alegria com as sombras densas dos desajustes emocionais.

Como você não é a Maria Alice e nem o Luiz Eduardo, tenho a certeza de que a felicidade já foi reconhecida diversas vezes em sua vida. Você também não é o vovô sobre o qual nos fala Mário Quintana, que procurava os óculos localizados sobre o próprio nariz. Você já dispõe de meios para reconhecê-la quando ela está com você nas pequeninas coisas. Por isso mesmo, sorria porque você já é feliz. Muito feliz. Talvez, apenas, ainda não saiba. Mas agora já está em condições de saber. Já está em condições de reconhecer os óculos sobre o nariz e colocar a árvore de dourados pomos ao seu alcance.

A FELICIDADE ESTÁ CONOSCO O TEMPO TODO, NÓS É QUE MUITAS VEZES NÃO DAMOS A MENOR BOLA PARA ELA...

Augusto Branco

A CONSULTA

SENHOR OTÁVIO PROCUROU o oftalmologista para a renovação das lentes dos seus óculos. Consulta de rotina. Nada de grave. Aguardou a sua vez e entrou no consultório do médico amigo devido à longa soma de anos que se conheciam.

- Olá, senhor Otávio! Voltou para mais uma consulta, meu amigo?

- Pois é, doutor. O tempo passa rápido e os óculos vão se desatualizando e já estou com alguma dificuldade de enxergar. Então, resolvi visitá-lo uma vez mais.

- Fez muito bem. A visão é um dom que temos que cuidar com carinho. É um órgão que nos permite o contato com o mundo de maneira plena, não é mesmo?

- Claro, doutor! Sem nenhuma dúvida.

- Muito bem. Vamos fazer todos os exames que uma consulta ao oftalmologista recomenda. Como o senhor sabe, temos os mais sofisticados aparelhos e o senhor passará por todos eles. Vai sair daqui "zero" quilômetro em termos das suas vistas.

E assim foi feito. O facultativo passou seu paciente por todos os aparelhos mais modernos de que dispunha em seu consultório muito bem equipado.

- Senhor Otávio! O senhor está de parabéns!

- Como assim, doutor?

- Os seus olhos estão ótimos!

- Ótimos, doutor?! Mas esses óculos?

- Isso mesmo, meu amigo. Seus olhos estão ótimos! Muita gente nova também usa óculos ou lentes corretoras, senhor Otávio. O fato de necessitar de lentes para enxergar bem não invalida o fato de que sua visão está muito saudável. Pessoas mais jovens têm problemas sérios que o senhor não tem. Por exemplo: pressão do olho aumentada; deformidade grave da córnea chamada ceratocone e que exige transplante de córnea; descolamento de retina; problemas no nervo ótico, e muitas outras coisas, senhor Otávio. O senhor não está com quase setenta anos?

- São sessenta e oito, doutor!

- Pois então! A sua saúde ocular é invejável! Pressão do olho normal. Nem sinal de catarata, que na sua idade já é comum. A sua retina está perfeita. O nervo ótico está absolutamente normal. Não tem nenhuma deformidade grave em sua córnea. Tudo absolutamente perfeito.

- Pois é, doutor. Não fosse esse bendito astigmatismo no meu olho esquerdo, conseguiria ficar sem óculos para longe. O direito enxerga até que bem sem o uso do mesmo. Mas esse olho esquerdo não tem jeito.

Embaça todo quando tento enxergar com ele sem esses óculos que mais parecem uma bengala de aleijado.

- Creio que está exagerando, senhor Otávio. Suas vistas estão excelentes para a sua idade!

- Ah, doutor! Como gostaria de não ter necessidade de carregar esse "trambolho" na cara. Mas parece que Deus não atende nossos pedidos!

O médico fez um movimento com a cabeça de um lado para o outro em forma de negação e o paciente perguntou:

- Que foi, doutor? Não concorda comigo?

- Mas nem um pouco, meu amigo. Não expliquei ao senhor que está tudo ótimo para a sua idade? Que muitos jovens têm o que lamentar de condições muito mais graves do que o senhor com esses óculos tão simples?

- É! Isso porque o senhor não precisa deles, doutor!

- Senhor Otávio, me permita uma pergunta.

- Pode falar, doutor.

- O senhor gosta de ser infeliz?

- Como assim, doutor?!

- Estou perguntando se o senhor se sente bem em ser infeliz?

- Ora, doutor! Quem prefere ser infeliz do que feliz?

- O senhor. Não lhe expliquei todas as coisas boas que os exames revelaram sobre seus olhos? O senhor poderia ter problemas muito mais sérios na sua idade e não tem. Quantas pessoas mais jovens sofrem descolamento de retina com a perda da maior parte da visão ou até mesmo a cegueira? Quantas têm problema grave no nervo do olho? Quantas sofrem a pressão aumentada do olho com o risco de ficar cegas? Ou têm o globo ocular comprometido pela toxoplasmose? Muitas outras doenças mais sérias vitimam tantos doentes e o senhor com a visão de uma pessoa jovem se apegando a uma coisa pequena e não dando valor às coisas boas que suas vistas possuem, senhor Otávio?! Pelo amor de Deus! Isso é gostar de ser infeliz! Apegue-se às notícias boas que lhe dei e seja feliz enquanto a felicidade existe. Pode ser que um dia ela se canse de suas reclamações injustificáveis e se mude de endereço, dando ao senhor motivos reais para se queixar.

O paciente reclamão saiu do consultório não mais preocupado com as suas vistas, mas com o alerta sobre a presença da felicidade em sua vida e que não era percebida e valorizada como deveria.

****

> Joanna de Ângelis, ser feliz é uma escolha? Como fazer para lograr a felicidade?
>
> Resp.: Podes e deves ser feliz. Esta é a tua liberdade de escolha.
>
> Se te encontras atrelado ao carro das aflições, porfia construindo o bem e te libertarás.

****

A vida renova-se a cada momento.

****

Não dês trégua à desdita, à ociosidade, aos queixumes.

És senhor do teu destino, e ele tem para ti, como ponto de encontro, o infinito.

Quem se desvaloriza e se desmerece e se invalida, fica na retaguarda.

É necessário que te envolvas com o programa divino.

Se preferires sofrer, terás liberdade para a experiência até o momento em que te transfiras para a opção do bem-estar.

****

Ninguém tem o destino do sofrimento. Ele é resultado da ação negativa, jamais a causa.

Faze uma avaliação honesta da tua existência, sem consciência de culpa, sem pieguismo desculpista, sem coerção de qualquer natureza, e logo depois desperta para o que deves produzir de bom, de útil, de construtivo, empenhando-te na realização da tua liberdade de ser feliz. (*Joanna de Ângelis responde*, página 183.)

Vemos que o médico do senhor Otávio tinha razão. Se ser feliz é uma questão de escolha, como deixa claro Joanna, parece que o paciente escolhia pequenos motivos em que se apegava para ser infeliz, enquanto uma coleção de coisas boas estavam acontecendo em sua vida e ele preferia não valorizar. Escolhia os pequenos problemas para se infelicitar. Na verdade, se retornarmos à poesia de Vicente de Carvalho reproduzida na introdução deste livro, o senhor Otávio pegava a árvore da felicidade carregada de dourados pomos e a colocava sempre onde ele não estava. Isso é desejar ou não ser infeliz?

A propósito, você tem feito sua consulta ao seu oftalmologista? E está tudo bem? Que ótimo! Ah, você nem de óculos precisa? Então, muito melhor! Tem mais razão ainda para ser feliz, muito feliz. Basta apenas contabilizar as coisas positivas em seu favor. Fazendo as contas que a vida lhe tem apresentado, sorria porque você já é feliz, apenas não sabe.

Do ponto de vista humano, infortúnio ou desgraça significa tudo que perturba a comodidade e contraria as ambições imediatas em que se compraz a criatura humana.

Joanna de Ângelis
(Divaldo P. Franco - ***Após a tempestade*****, LEAL)**

O TOMBO

PAULO ERA UM senhor idoso de setenta anos. Como sempre fazia, saiu domingo pela manhã bem cedo para andar com a sua bicicleta. Esse horário das seis horas da manhã era o preferido devido ao pouco trânsito e o risco menor de algum acidente. Vestiu o traje característico para esse tipo de esporte, inclusive o protetor de cabeça e acendeu as luzes da frente e da traseira da bicicleta para tornar-se mais visível aos motoristas. Contudo, ao sair de casa desequilibrou-se e veio a cair no asfalto. Como era cedo, não vinha nenhum veículo pela rua, o que evitou consequências piores, já que poderia ocasionar um acidente de maior monta ao atropelá-lo após a queda. Feriu-se discretamente em uma das pernas. A bicicleta nenhum dano sofreu, a não ser a corrente que se deslocou do lugar correto tendo sido reposicionada pelo "atleta" que apenas sujou as mãos de graxa. Levantou-se e realizou o trajeto normal a que estava acostumado e retornou à sua residência. Sentado à mesa para o café da manhã com a esposa, contou-lhe o ocorrido.

– Pois é, Sílvia. Não é que saindo de nossa casa acabei por cair da bicicleta?

A esposa que era espírita procurou tomar conhecimento do ocorrido para procurar o aspecto positivo da queda, conforme aprendera nas lições da doutrina espírita.

- Mas machucou-se?

- Não. Apenas um simples arranhão. Nada mais.

- E fez o seu passeio costumeiro?

- Sim. Sem maiores problemas.

- Ótimo, então!

- Como ótimo?! Você acha que cair da bicicleta foi ótimo?! Poderia ter me machucado, quebrado alguma coisa!

- É verdade. Os ossos com a idade tornam-se mais frágeis e difíceis de se consolidarem.

- Então, como diz que foi ótimo?

- Não estou me referindo ao acidente, Paulo. A expressão "ótimo" refere-se ao fato de não ter acontecido nada de grave com você, o que é motivo de alegria e não justificativa para estragar o seu humor em pleno domingo!

- De alegria?!

- Paulo! Considere que você poderia ter quebrado um braço! Como nada aconteceu apesar da queda, é motivo de se alegrar exatamente porque não se feriu como poderia ter acontecido! E isso é motivo de alegria! Apesar da queda, tudo terminou bem! Precisamos enxergar o lado positivo do tombo e não nos fixarmos no aspecto negativo, mas sim analisarmos a realidade de que não aconteceu nada de ruim, o que poderia ter ocorrido.

- Vocês espíritas são meio doidos, mesmo! Como estar feliz se caí da bicicleta?!

- Meu Deus! Mas como você não consegue enxergar o lado bom do acontecimento infeliz! Ninguém está dizendo que foi bom cair, mas valorizando o fato de não ter acontecido nada de mais grave! Podemos considerar que somos felizes aqui na Terra em várias ocorrências da vida. Mesmo naquelas que, num primeiro exame, parecem ter sido uma tragédia. Cada dia traz seus motivos para que dessa maneira possamos nos sentir felizes.

- Ah, é? Então você precisa ler melhor esses seus livros espíritas que dizem que o homem não é totalmente feliz neste mundo.

- Está vendo? Você acabou de me dar uma notícia que me fez feliz!

- Mas que notícia, Sílvia?!

- A de que você está começando a ler meus livros espíritas!

- Ora! Deixa de bobagem! Eu apenas dei uma folheada em um deles quando você deixou em cima da mesa. Não estou lendo esse livro de sonhador não!

- Os livros espíritas tratam da nossa felicidade e das razões do porquê estarmos neste mundo, Paulo.

- No entanto, em um deles está escrito que o homem não é feliz neste mundo. E tem um outro que afirma a mesma coisa. Um tal de Evangelho.

– Estou feliz mais uma vez! Está vendo como é possível ser feliz aqui nesse mundo? Quer dizer, então, que leu dois dos meus livros espíritas?!

– Não li coisa nenhuma! Apenas dei uma olhadela em dois deles e em ambos está bem claro que o homem não será feliz neste mundo. Isso põe por terra a sua teoria de ver motivo de felicidade em tudo. Até nas coisas ruins, como no meu tombo essa manhã!

– Já sei! Você dever ter lido a questão de número 920 de *O Livro dos Espíritos* em que está escrito que o homem não pode ser completamente feliz sobre a Terra, mas pode ser feliz o quanto esse mundo assim o permite. Se a felicidade existe, embora não seja completa, é melhor identificá-la para poder usufruí-la mesmo em pequenas doses, do que ficar apegando-se ao lado infeliz das coisas. Se você está na escuridão e tem um pequeno fósforo para clarear o ambiente, é melhor do que ficar mergulhado totalmente nas trevas!

– É isso mesmo! Está vendo? Não podemos ser completamente felizes! Pronto! Está dito em um dos seus livros.

– Mas podemos extrair da Terra a felicidade possível de ser vivida. Então, não estamos aqui condenados a viver em infelicidade desde que nascemos até a hora em que partimos. Por isso prefiro enxergar o aspecto positivo da sua queda da bicicleta sem nenhum ferimento. Isso é ser feliz de alguma maneira. Infelicidade seria se você estivesse no hospital numa hora dessas e não tomando café em nossa casa. Se você tivesse lido a questão de número 921, você encontraria nela a afirmativa de que o homem é o autor de sua própria infelicidade! Dessa maneira, se você se fixar no aspecto negativo da sua queda hoje pela manhã, estará agindo em favor da sua infelicidade. Ao passo que, olhando o aspecto positivo de não ter se machucado, está optando pelo lado positivo e isso nos proporciona alegria, sim. É lógico que o ideal era não ter sofrido a queda, mas já que ela aconteceu, vamos olhar os aspectos positivos de nada de mais grave ter ocorrido.

Sílvia esperou alguns minutos e perguntou:

- Qual foi o outro livro que você folheou como disse? *O Evangelho segundo o Espiritismo*?

- E eu sei lá o nome desses livros todos que você esparrama sobre a mesa?

Sílvia sorriu do orgulho do marido que mais parecia uma criança fazendo birra, mas teve paciência para continuar.

- No Evangelho aprendemos que a felicidade é uma coisa passageira para aquele que não age sabiamente. Por exemplo, não enxergar o aspecto bom da queda que foi o fato de você não ter se machucado, é não agir sabiamente. É ser pessimista. Lamentar o tombo destacando seus aspectos negativos fará o tempo voltar para que você não venha a cair? É evidente que não, não é mesmo? O tempo só caminha para frente. Vamos, da mesma forma, olhar para frente e identificar as coisas boas que aconteceram a partir da queda da bicicleta. E uma delas foi o fato de você não ter se ferido mais seriamente. Isso é razão para estarmos felizes.

Paulo não respondeu. Mas Sílvia continuou:

- Fixar-se no momento da queda não faz com que ela deixe de ocorrer. O tempo não regride. Você sabe que não. Então, o homem sábio é aquele que procura enxergar sempre o ângulo bom, positivo, de um acontecimento que lhe desagrada já que o cultivo do mau humor não irá alterar o que já aconteceu.

- Acho que vocês, espíritas, são doidos ou poetas!

Sílvia não desistiu e continuou:

- Esse mesmo Evangelho nos fala que existem outras moradas no Universo onde a felicidade se encontra presente e estão destinadas a todos nós. Isso não é motivo para nos alegrarmos? Saber que um dia habitaremos um mundo feliz?! Assim como aquela pessoa que sabe que no mês ou no ano que virá poderá comprar a casa do seu sonho onde poderá morar melhor!

- Sílvia! Preste atenção: estamos aqui e agora nas condições em que estamos sendo felizes ou infelizes e você me vem falar de outros mundos?! Faça-me o favor! Veja só o que está acontecendo neste mundo de hoje!

- Paulo, peço a sua atenção para um trecho de *O Evangelho segundo o Espiritismo* que vou ler para você.

- Não. Pare. Vamos esquecer esse assunto! Não caí da bicicleta! Está tudo bem! Vamos mudar de assunto?

- Farei isso assim que ler esse trecho pequeno para você. Depois prometo que não direi mais nada. Se quiser fazer do seu tombo um motivo de tragédia, me calarei. Mas, por favor, escute esse pequeno trecho do capítulo V.

- Por que fui abrir minha boca, meu Deus?!

- Aí está ele: *Todo mundo fala da infelicidade, todo mundo a experimentou e crê conhecer seu caráter múltiplo. Venho vos dizer que quase todos se enganam, e que a infelicidade real não é tudo aquilo que os homens, quer dizer os infelizes, a supõem. Eles a veem na miséria, no fogão sem lume, no credor ameaçador, no berço vazio do anjo que sorria, nas lágrimas, no féretro que se acompanha de cabeça descoberta e de coração partido, na angústia da traição, na nudez do orgulhoso que gostaria de se cobrir de púrpura e que esconde com dificuldade sua nudez sob os farrapos da vaidade; a tudo isso, e a outras coisas ainda, se chama de infelicidade na linguagem humana. Sim, é infelicidade para aqueles que não veem senão o presente; mas a verdadeira infelicidade está nas consequências de uma coisa, mais do que na própria coisa. Dizei-me se o acontecimento mais feliz para o momento, mas que tem consequências funestas, não é em realidade mais infeliz que aquele que causa primeiro uma viva contrariedade, e acaba por resultar no bem? Dizei-me se a tempestade que quebra vossas árvores, mas saneia o ar dissipando os miasmas insalubres que causariam a morte, não é antes uma felicidade do que uma infelicidade.*

- Está vendo, Paulo. Naquilo que o homem julga

estar ocorrendo a infelicidade, está, na realidade, sendo construída a felicidade real e imorredoura. Isso não é motivo para nos sentirmos felizes se até nos acontecimentos aparentemente ruins está sendo preparada a nossa felicidade? Deu para entender?

– Claro, Sílvia! Hoje vamos almoçar fora no restaurante mais caro que tiver na cidade para comemorar o meu tombo da bicicleta!

****

Você tem uma bicicleta? Não? Mas poderá levar alguns tombos na vida. Procure aplicar o raciocínio da esposa de Paulo e encontrará razões para sorrir ao compreender que é feliz, apesar de tudo que possa parecer o contrário. Entenderá que a Vida conspira a seu favor. No dia em que compreender essa realidade, ninguém precisará convidá-lo a sorrir porque você já estará sorrindo ao compreender que já é feliz e, o mais importante, já sabe disso.

A FELICIDADE NOS VISITA MUITAS VEZES EM NOSSA VIDA, MAS SEMPRE NOS ENCONTRA RECLAMANDO QUE SOMOS INFELIZES...

O autor

A TROCA

ZEZINHO ERA UM menino de aproximadamente dez anos de idade. Família pobre, ajudava a mãe a catar pedaços de papelão e latas de bebida vazias atiradas na rua pelas pessoas que ainda não entenderam que não devemos atirar lixo nas ruas por preguiça de colocar nos locais adequados. A cidade em que ele morava era à beira-mar. Mas a vida difícil praticamente o desestimulava perante os convites diários feitos pelo mar e suas ondas. Aliás, esse era um dos locais onde mais encontravam latas vazias atiradas pela negligência de seus consumidores. Por isso mesmo, era para Zezinho um lugar de trabalho e não de divertimento.

Em um dos bairros milionários da cidade praiana, o menino não se cansava de contemplar uma rica mansão localizada em uma vasta extensão de terreno. O jardim amplo era muito bem cuidado. Na imaginação do menino pobre, aquela casa mais parecia um castelo que se assentava sobre uma elevação do terreno semelhante àquelas mostradas em filmes de cuja notícia Zezinho ouvia embevecido as pessoas contarem.

"E os carros luxuosos, então?! Vários deles saíam e entravam naquela mansão ocupando folgadamente as garagens muito grandes. Se a casa fosse um castelo, os carros representariam as luxuosas carruagens daquela época. Seus motoristas, os cocheiros dessas mesmas carruagens." - fantasiava a imaginação daquela criança em dura privação desde os primeiros anos da sua vida.

"Como deveria ser bom viver numa mansão daquelas!" - continuava a sonhar o menino.

Ele vivia (ou sobrevivia?) num barraco construído de papelão, tábuas encontradas pelas ruas, pedaços de folhas de metal desprezadas nas vias públicas. E quando chovia, meu Deus, que barulho insuportável das gotas de água a bater impiedosamente sobre esse telhado improvisado com pedaços de lata velha!

E os carros luxuosos que repousavam nas garagens mais confortáveis do que o próprio barraco daquele menino?!

O único *carro* que ele conhecia só permitia que ele ficasse do lado de fora. O motor era ele e a mãe. O *carro* era, na verdade, o carrinho em que depositavam o material encontrado pelas ruas que percorriam incansavelmente à procura das sobras atiradas nas vias públicas e terrenos baldios que funcionavam como depósito de lixo.

Os "pneus do carro de luxo" dele e da sua mãe eram mais representados pelos calçados velhos do Zezinho e da sua mãe do que propriamente pelas rodas do carrinho que empurravam.

"Como era diferente sua vida da vida das pessoas que habitavam a mansão que observava nos momentos em que por lá passava à procura de algum material que pudesse ser recolhido." - o menino continuava a pensar.

"E o jardim?! Deveria ser igual ao jardim do paraíso! É. Daquele paraíso que existiu no começo do mundo de onde foram expulsos um homem e uma mulher por terem desobedecido as ordens de Deus, segundo a sua mãe lhe contava nos momentos em que a luta pela sobrevivência permitia. Mas que culpa tinham os pobres da desobediência do antigo casal?! E os ricos não tinham que pagar essa conta? Por quê? A dívida deveria ser de todos e não de alguns!" - raciocinava o menino nos poucos minutos em que podia se deter em frente da mansão dos seus sonhos.

"Alguma coisa estava errada. Nas explicações da mãe faltava algo ou muita coisa ou tudo mesmo!" - Zezinho pensava.

"Por que existiam os que se achavam do lado de cá na pobreza e os que se encontravam do lado de lá, na riqueza?" - perguntava o menino a sua mãe. Contudo, dona Alzira não conseguia explicar. Não tinha muita cultura. Criada também em família sem recursos financeiros, o estudo ficara ao longe, fora do seu alcance. Casara-se com o pai de Zezinho e logo vieram os filhos e ela, Alzira, arregaçara as mangas para ajudar o marido que trabalhava como servente de pedreiro e com um salário muito minguado para sustentar tantos filhos! Isso quando tinha serviço! De maneira que não tinha conhecimento para esclarecer as dúvidas do menino mais velho. É! Zezinho com dez anos era o mais velho. Depois vinha a conhecida escadinha dos mais novos. E haja trabalho para dar conta do sustento deles todos!

E o menino, como um pequeno observador da vida, punha-se a cismar sobre aquelas diferenças todas da existência: "O barraco e a mansão. Os carros luxuosos e o carrinho de catar sobras das ruas. O jardim majestoso e o amontoado de casebres em bairro pobre. As pessoas se divertindo na praia e aquelas que só tinham direito ao trabalho nas ruas asfaltadas e extremamente quentes no verão. O alimento farto daquela e de outras mansões e o pedaço de pão amanhecido e o café aguado nos barracos dos bairros pobres, esquecidos pela sorte do mundo."

Um determinado dia em que Zezinho estava passando em frente da deslumbrante mansão, ele viu um dos carrões saindo da garagem, deslizando pela rampa do extenso jardim e encaminhar-se para a rua. Mais parecia um enorme avião preparando-se para decolar. E para aumentar mais ainda a cisma do pequeno, eis o que ele vê dentro do veículo luxuoso:

– Olha só! Dentro do carro está um menino mais

ou menos da minha idade! Eu aqui empurrando esse carrinho pesado e sujo junto da minha mãe, e ele deslizando como sobre um tapete mágico pelo asfalto! Ah! Como gostaria de trocar de lugar com ele mesmo que fosse só por um dia!

Realmente, Zezinho não estava enganado. Um rico menino louro e de olhos azuis estava confortavelmente instalado dentro do carro que deixara a mansão. Esse menino nem reparara na figura inexpressiva da criança pobre. Tinha o olhar voltado para algum ponto muito longe como se pensasse em algum problema da vida. Mas, naquela idade, o que poderia preocupar o elegante menino rico? Sim, elegante, sim. Pois não é que dentro do carro vestia um terno como se fosse um adulto?! Isso chocou ainda mais o menino pobre que dirigiu-se à mãe, perguntando:

- Viu só, mãe?! A gente aqui empurrando esse carrinho pesado e fedido e ele lá dentro do carrão e de terno, mãe!

- Fazer o quê, meu filho? A vida é assim mesmo. Vamos trabalhar se quisermos comer no dia de hoje. Deixa o menino rico pra lá.

- Sabe, mãe? Eu queria trocar de lugar com ele só por um dia pra ver como é ser rico e ter tudo o que a gente quer.

- É. Mas ele não iria trocar de lugar com você, Zezinho. Deixa de sonhar e me ajude a empurrar o carrinho que está pesado. Conseguimos muito material no dia de hoje, o que para nós é uma sorte muito grande. Tire seus olhos daquilo que não é seu. Acorde e vamos trabalhar.

- Mas que eu gostaria, gostaria mãe!...

- Eu também gostaria de muita coisa e não tenho. Ô carrinho pesado, meu Deus!

E prosseguiram para além da mansão dos sonhos de Zezinho. O carrinho estava pesado e o asfalto muito quente naquele dia.

Dias depois, filho e mãe estavam na praia procurando latas vazias de bebida. A atenção de Zezinho foi novamente chamada para o menino rico que estava curtindo um sol numa cadeira de praia e observando a beleza do bailado das ondas do mar.

- Olha lá, mãe! O menino da mansão! Veja ele tomando um sol e curtindo a praia!

- Já te falei para tirar os olhos daquilo que não é seu, filho! Vamos rezar para achar as latinhas e comprar nosso pão de cada dia. Preste atenção na areia e nas latas de lixo para não perdermos cada vasilhame. Tire os olhos do menino rico. Não é para o nosso "bico". Praia para nós é lugar de trabalho. Acorde, Zezinho, e preste atenção no serviço para termos o que comer!

- Ah, mãe. Mas que eu gostaria de trocar de lugar com ele pelo menos um dia, isso eu gostaria!

- Acorda! Você nasceu pobre. Não mora naquela mansão e nem anda de carros de luxo como ele. E pare com esse sonho impossível de trocar de lugar com ele pelo menos um dia! Nem um dia e nem um segundo! E vamos trabalhar.

- Mãe! Olha lá!

- Meu Deus! Como você é teimoso, Zezinho! Olha para onde? Olha o quê? Ô menino teimoso!

- Pro menino rico, mãe!

- Deixa o menino em paz!

- Não! Olha lá, mãe!

- Olhar o quê? Você já falou que gostaria de trocar de lugar com ele. Para com essas maluquices.

- Não é isso, mãe! Olha!

- Não olho nada! Se não quer trabalhar, não reclama quando não tiver o que comer!

- Não, mãe! Olha! Ele tem até um mordomo que atende ele na praia!

- E você só tem eu, seu pai e mais cinco irmãos para ajudar a cuidar!

- Você não está entendendo, mãe!

- Já entendi muito bem tudo! Você repete toda vez que vê esse menino que gostaria de trocar de lugar com ele! Já estou cansada de ouvir isso, Zezinho.

- Não, mãe. Não quero mais não!

- Ah, é? E pode explicar o motivo da sua mudança de opinião?

- O mordomo está levando uma coisa para ele, mãe!

- Deve ser camarão frito, caranguejo, refrigerante, queijo coalho, ou alguma coisa gostosa que não é para nosso "bico"!

- Não, mãe! O mordomo está levando pra ele uma cadeira de rodas! Ele é paralítico! Chega e sai da praia pelas mãos dos outros!

- E você querendo trocar de lugar com ele, não é Zezinho?!

- Deus é bom, não é mãe?

- O que você acha, filho?

****

Alguma vez você já foi um "Zezinho" na vida, meu amigo, minha amiga? Não? Que ótimo. Muitas vezes a troca com que sonhamos não dá certo. Pode piorar as coisas.

Que bom que você nunca cobiçou a casa nova de alguém por julgar que essa construção cheirando a tinta fresca pudesse ser a condição de fazê-lo feliz! Que bom que nunca almejou a profissão de destaque de outra pessoa com salário invejável supondo que esse dinheiro farto pudesse fazê-lo feliz! Que bom que nunca cobiçou o carro zero quilômetro de outra pessoa ainda cheirando a novo supondo que dentro dele pudesse ser mais feliz! Que bom que você nunca desejou vestir-se na moda como alguma pessoa elegante que conheça por achar que essas vestes poderiam torná-lo ou torná-la mais feliz! Que bom que nunca parou para observar a pessoa que possui muito dinheiro no banco e é reverenciada pelo gerente por entender que a fortuna é uma âncora a mais a amarrá-lo ou amarrá-la aos valores do mundo após a morte! Que bom que você nunca desejou a posição de destaque de alguma figura importante do cenário social por entender que as pessoas e os cargos são passageiros como a lufada de vento que nada deixa após a sua passagem, na ilusão que isso pudesse fazê-lo ou fazê-la mais feliz! Que bom que nunca cobiçou a beleza de algum artista por entender que o aspecto exterior não é garantia de felicidade para ninguém já que o tempo é implacável em sua passagem e na sua capacidade de tudo envelhecer! Que bom que você nunca se iludiu com a mansão de destaque em sua cidade compreendendo que dentro de suas paredes pode perfeitamente existir a dor e a infelicidade!

Que bom que você nunca sequer imaginou-se em trocar de posição com alguém a quem julga feliz sem saber o que verdadeiramente se passa dentro dela!

Que bom que você nunca foi um "Zezinho" na vida!

Vamos continuar catando nossas "latinhas" na certeza de que Deus não erra de endereço nunca?

Sorria porque você já é feliz exatamente por nunca ter desejado trocar de lugar com ninguém. Pode ser apenas que não saiba, mas já é muito feliz!

SABER ENCONTRAR A ALEGRIA NA ALEGRIA DOS OUTROS, É O SEGREDO DA FELICIDADE.

Georges Bernanos

UMA RECEITA PARA A FELICIDADE

ESSA "RECEITA" A encontramos na revista *Seleções READER´S DIGEST*, edição de junho de 2015, páginas 32 a 35.

Como dissemos no título, é uma receita, podendo existir, obviamente, muitas outras e inclusive do seu conhecimento. Contudo, peço-lhe licença para apresentar-lhe a esta que é muito emocionante.

Na França, mais especificamente na cidade de Marselha, o cirurgião plástico, doutor Dominique Martin, perdeu seu filho de apenas cinco anos de idade, vitimado por uma forma grave de leucemia. A criança ficou internada na cidade de Paris para o devido tratamento e a família, que na época morava em Bordeaux, ia visitá-lo o maior número de vezes possível. Nessas ocasiões o doutor Dominique percebeu que o ambiente hospitalar era muito triste para aquelas crianças. Seu filho durou apenas alguns meses, tendo o pai mergulhado em intenso sofrimento.

Submeteu-se a tratamento psiquiátrico e se refugiou em aprender mágica, além de continuar exercendo a sua profissão. Durante vários meses frequentou os melhores professores de mágica franceses. Certa vez, no meio de uma aula de mágica, teve que sair às pressas para atender a um dos seus pacientes. O interessante é que o doutor Martin fez a promessa ao filho desencarnado que levaria felicidade a todos que precisassem. Era a promessa de um pai ferido em seus sentimentos pela perda do filho a esse mesmo filho que havia partido. E como ele cumpriu essa promessa?

Posteriormente, o médico submeteu-se a uma prova perante a Federação Francesa de Ilusionistas, tendo sido aprovado e recebido sua "varinha mágica" oficial. A partir daí, o doutor Martin começou a apresentar espetáculos de mágica aos domingos no Hospital de Bordeaux e, depois, no Hospital Universitário Pessac, na mesma cidade.

Ele e a esposa Marie-Jo fundaram a *Association Magicôspital* que o casal financiava com recursos próprios.

Esse ato humanitário chamou a atenção de um astronauta que conseguiu cinco mil euros de um patrocinador porque, segundo esse astronauta, poucos cirurgiões plásticos escolhem se dedicar aos outros em vez de correr atrás do dinheiro. Atualmente, o *Magicôspital* recebeu dos leitores franceses de *Seleções* e dos ouvintes da rádio *France Bleu*, o Prêmio Francês de Caridade.

Aos cinquenta anos de idade o doutor Martin aposentou-se para dedicar-se a causas humanitárias.

Seu trabalho de mágica para alegrar a vida dos pequenos pacientes requer muito esforço porque o ambiente hospitalar impõe várias restrições. Os quartos são minúsculos, o rigor com a higiene tem que ser muito grande, às vezes usar máscaras, luvas e até roupa cirúrgica para não levar contaminação aos pacientes em tratamento, muitos deles debilitados pela doença e medicações utilizadas para tratá-las.

Hoje o *Magicôspital* tem unidades em Marselha, Bordeaux e Paris. O doutor Martin viaja em missões médicas humanitárias pela África e pela Ásia, quatro vezes por ano. Por isso mesmo, gostaria de encontrar pessoas que também amassem o trabalho de alegrar a vida dos pacientes, mas tem grande dificuldade em encontrar alguém com a mesma disposição que ele teve quando começou.

Dessa maneira, esse médico e sua esposa conseguiram reencontrar-se com a alegria por meio da alegria que levam aos pequenos pacientes, mesmo depois de terem perdido um filho vitimado pela leucemia.

Quantos pais passam por dor semelhante e se fecham em si mesmos, alimentando com essa atitude a própria infelicidade?

O luto prolongado não traz o filho de volta, mas a felicidade espalhada em outros corações pacifica a dor daqueles que a promovem.

Já imaginaram quanta alegria Chico Xavier experimentou quando as cartas psicografadas por ele conferia a prova da imortalidade a cada coração de mãe ou de pai desesperados que o buscavam? Quem poderá imaginar a alegria que Chico experimentava nessas horas quando a dor era atenuada pela certeza de que a morte não havia retirado-lhes os filhos amados?

Quantas alegrias Divaldo já recolheu de cada "flor" humana que socorreu na Mansão do Caminho quando os pequeninos ali amparados se transformavam em adultos produtivos e honravam a sociedade em que vivem?

Como avaliar as alegrias que percorreram a alma de Madre Teresa de Calcutá e Irmã Dulce quando suas doces figuras se envolviam com o sofrimento alheio que souberam atenuar?

Conseguem imaginar a alegria de Kardec ao retornar vitorioso ao mundo dos espíritos após o sucesso total da sua missão no século XIX na França? Eu perguntei se conseguimos imaginar por que sentir de fato em toda a intensidade essa alegria foge aos recursos das nossas mentes, por maior liberdade que possamos dar à nossa imaginação.

Evidentemente que, para sermos felizes, não precisamos ter as mesmas forças que teve o doutor Martin. Seria pedir demais. Mas promover as pequenas alegrias em nosso dia a dia, sem dúvida nenhuma que podemos.

Uma visita a um enfermo atado a um leito de sofrimento. Uma visita a um velho recolhido em um asilo no final de sua existência aqui na Terra. Levar uma criança de um orfanato para almoçar em nossa casa aos domingos. Uma cesta básica para um lar que a fome visita. Uma palavra de orientação a alguém desesperado e sem rumo diante das encruzilhadas da vida. Um minuto de atenção para uma pessoa a um passo do suicídio. Amparar de alguma maneira a um jovem envolvido com as drogas. Paciência com os pais idosos e ranzinzas, comportamento característico dessa fase da existência que só coleciona perdas. Tratar com respeito aos animais por compreender que eles também são criaturas de Deus. Não se sentir superior e relacionar-se fraternalmente com a serviçal que nos auxilia em nossa casa. Ter tempo para os filhos que necessitam da nossa orientação nesse ou naquele problema. Ser a mensagem de otimismo em nosso local de trabalho. Abraçar com emoção e carinho a um amigo ou amiga que não encontramos há tempo. Ser cúmplice do cônjuge que escolhemos para caminhar conosco na atual existência. Não se esquecer da devida dose de água necessária à sobrevivência dessa ou daquela planta existente em nossa casa porque elas também pertencem à criação de Deus.

É. São muitas as oportunidades de nos tornarmos o veículo da alegria que irá "contaminar" a vida daquele que sofre.

O médico francês está com dificuldade de encontrar alguém disposto como ele a colaborar na continuidade de sua obra. Será que a vida também está tendo essa mesma dificuldade em relação àquilo que cada um de nós poderá dar para a alegria de alguém?

Se sua resposta for "não", porque você está sempre disposto a colaborar, sorria porque você já é feliz como o mensageiro da alegria a alguma alma mergulhada no sofrimento.

Se a sua resposta for "sim", a vida não está encontrando em você um auxiliar disposto a ajudar, sorria porque você também já é feliz pelo que acabou de ler e poderá, a partir desse momento, colocar-se à disposição da felicidade de alguém envolvido com a tristeza.

A FELICIDADE NÃO SE RESUME NA AUSÊNCIA DE PROBLEMAS, MAS SIM NA SUA CAPACIDADE DE LIDAR COM ELES.

Albert Einstein

NÓS E A ORAÇÃO DO PAI NOSSO

PREZADO AMIGO, CARA amiga, como está você perante a oração do Pai Nosso que Jesus nos ensinou? Sente-se tranquilo ao fazer essa oração? Ótimo! Mas continue pensando na pergunta enquanto narro uma história que li há muitos anos e por isso mesmo não me lembro das palavras exatas e nem do autor. Procurarei transmitir a filosofia que essa história veiculou com as minhas palavras pedindo a devida desculpa se alguém conhecê-la na íntegra. Que releve a minha falta de memória exata sobre a mesma. Não perca de vista a pergunta inicial: como estamos perante a oração do Pai Nosso?

Um pregador das verdades do Reino de Deus logo nos primórdios do cristianismo saiu, como sempre fazia, a ensinar as verdades do Reino por terras estranhas e longínquas. Depois de andar um longo trecho da estrada empoeirada sob um sol escaldante, por estradas cobertas de pedras e falando aos corações sobre as leis que governam a vida de todos os seres humanos, o pregador sentiu-se cansado das andanças e desejou ardentemente algumas horas de sono para reparar o corpo alquebrado.

Entretanto, de repente, sentiu no rosto curtido pelo calor das regiões inóspitas uma brisa que anunciava chuva próxima. Firmou a vista e contemplou o horizonte. O sol já se despedia de mais um dia de luz e calor e à visão daquele homem se desenhou imagens de forte tempestade que se desenhava ao longe. Teve um pensamento só: precisava arrumar algum abrigo para proteger-se do aguaceiro que se avizinhava. A brisa foi adquirindo força e já lhe tocava o corpo de maneira mais vigorosa anunciando a chegada de fortes ventos e, com ele, muita água que desceria dos céus.

– Não temo a tempestade! Deus está comigo e há de prover-me um refúgio até que a tempestade passe descarregando a sua fúria sobre as terras ressequidas e necessitadas!

Ajoelhou-se, ergueu os olhos para o alto e rogou a proteção Divina para a borrasca que se aproximava violenta.

Como resposta às suas preces, observou frondosa árvore com galhos fortes e folhas largas e que lhe dariam uma relativa proteção contra a borrasca. Naquela época, o perigo que oferece uma árvore em meio a uma tempestade pela possibilidade de atrair raios era desconhecido, de tal maneira que o pregador teve a ideia de refugiar-se debaixo dela, julgando encontrar a proteção de que tinha urgente necessidade.

Incontinenti dirigiu-se em direção ao vegetal que se erguia imponente, embora já balançasse ao sabor do vento que cada vez mais aumentava a sua força e gemia mais alto.

Entretanto, antes que alcançasse a suposta proteção, um raio desceu do céu após o conhecido clarão que lhe seguiu iluminando a noite daquela região onde o pregador se encontrava, e partiu ao meio a grande árvore que antes exibia-se garbosa e imponente. Estava destroçada a proteção do pregador. Imediatamente o homem protestou:

- Não é possível! Pedi a Deus proteção para essa tempestade que está chegando e após um dia inteiro pregando as verdades do Seu Reino, ao invés de enviar-me o abrigo de que tenho necessidade, desce dos céus esse maldito raio que destrói exatamente a árvore que me abrigaria? Onde estás, Senhor, que não ouviste minha súplica?

E continuou a procurar com desespero um novo abrigo. A visão já se perdia muito na escuridão que se fizera com a chegada da tempestade, mas o pregador ainda pôde ver uma cova no chão que lhe daria certa proteção pelo menos contra o vento que mais parecia um chicote gigantesco que a tudo e a todos queria açoitar.

"Sim! Seria aquele o lugar do seu refúgio naquela borrasca violenta!" - pensava o homem fiel a Deus. "Creio que o Senhor julgou mais prudente a cova rasa ao invés da árvore frondosa para minha proteção." - continuava a raciocinar o homem em busca de alguma proteção.

Dirigiu-se o mais rápido que conseguia em direção à cova lutando contra a força do vento que era muito forte e o empurrava para longe do lugar. Quando estava quase chegando ao lugar, um trovão que se fez ouvir ao longe antecedeu uma tromba de água que inundou totalmente a cova existente e eis que o pregador ficou novamente sem a proteção necessária. Novos lamentos surgiram.

- Creio que Deus se esqueceu de mim nessa tempestade terrível! Depois de um dia inteiro em que me dediquei à divulgação das Suas verdades, mais um esconderijo é estraçalhado pelas forças da Natureza. Definitivamente parece que Deus está contra mim! - blasfemava ele em voz alta como se conversasse com alguém.

Esforçando-se ainda mais para enxergar alguma coisa já que a chuva era torrencial ele conseguiu ver, iluminada que fora por um relâmpago, uma caverna bem próxima.

- Ah! Agora compreendo a intenção do Senhor: destruiu a árvore e inundou a cova para que eu tivesse uma proteção mais completa. Essa caverna é um esconderijo bem mais seguro contra o vento e contra a água que desce com violência do alto - continuava a falar para si mesmo na solidão em que se encontrava.

Com muito esforço devido ao vento contrário, foi movendo-se lentamente e com muita dificuldade em direção à caverna ali perto.

Entretanto, mais uma vez, um novo raio atingiu o lugar!

- Senhor! Não quero acreditar nisso, mas parece que está contra mim! Que fiz de errado, Senhor?! O raio fez rolar uma rocha acima da entrada da caverna e eis que me encontro novamente sem nenhuma proteção nessa tempestade do mundo! Por que me abandonastes Senhor?! - dizia aquele homem de braços abertos e olhando para o alto como se conversasse com o Criador.

Desolado e acreditando-se abandonado pela Providência Divina a quem implorara proteção diante da tempestade que realmente desabou sobre aquela região, o pregador desistiu de procurar refúgio e agachou-se em pleno terreno aberto e deixou que a água torrencial descesse sobre seu corpo fatigado. E enquanto chovia por fora ele chorava por dentro sentindo-se um grande abandonado por Deus. Na manhã seguinte o sol despontou forte anunciando um novo dia. O pregador acordou cansado da "surra" que levara das águas sobre seu corpo e do "chicote" do vento impiedoso. Para o seu espanto, vislumbrou a figura de um menino que vinha pela estrada àquela hora da manhã. A criança apresentava a idade de aproximadamente dez anos. E caminhava sozinha por aquela região o que não era recomendável. Assim que o menino se aproximou, procurou conhecê-lo:

- Para aonde vai, meu filho? Sozinho por essa região? Onde estão seus pais?

- Olá, senhor! Moro aqui perto. Meus pais me mandaram observar a bênção da chuva sobre a terra ressequida. Eles me ensinaram que ela nos proporciona o trigo para o pão.

- É verdade, meu menino. Só que por aqui a água desceu inclemente. Destruiu várias coisas. Eu mesmo me encontro ao desabrigo após a tempestade dessa noite. Senti na própria carne a fúria com que a Natureza despejava sua água e ventos torrenciais sobre tudo.

- O senhor estava sem nenhum abrigo mais seguro nessa noite que passou?

- Pois é, meu filho. Apesar de rogar a proteção de Deus quando a tempestade se desenhou no horizonte, tudo onde procurei abrigar-me foi duramente arrasado pelas águas ou pelos raios que caíram inclementes. Acho que Ele se esqueceu de mim ou está zangado comigo.

- Meus pais me ensinaram que Deus nunca esquece nenhum dos Seus filhos, senhor.

- Pois é! Tenho repetido isso para as pessoas em minhas pregações, mas ontem confesso que me senti decepcionado com Ele!

- E posso saber onde o senhor tentou se esconder da tempestade?

- Claro, meu menino! Venha comigo. Os três lugares ficam bem próximos.

E tomando a criança por uma das mãos começou a apontar um a um os lugares em que tentou se refugiar.

- Veja! Está vendo essa árvore partida ao meio?

- Como se alguém a tivesse rachado com um grande machado?

- Isso mesmo, meu filho. Pois então! Quando tentei refugiar-me sobre os seus galhos e folhas frondosas o raio partiu-a ao meio e fiquei sem meu primeiro lugar para refugiar-me.

- Deus estava com o senhor nessa hora!

- Como assim?! Não está vendo que a árvore foi destroçada? Como estaria Deus me ajudando?

- Senhor, eu que sou dessa região sei que nas raízes fortes dessa árvore se esconde um perigosíssimo ninho de serpentes muito peçonhentas. Se tivesse se recolhido nesse local, nessa hora estaria morto com certeza. Foi Deus que enviou o raio para protegê-lo!

O pregador ficou meditativo, mas logo se recuperou do impacto da notícia.

- Então vamos para o outro lugar onde tentei abrigar-me.

Andou mais alguns metros e apontou para a antiga cova no chão, falando:

- Eis aí o que restou da cova onde tentei proteger-me. Foi inundada por uma grande quantidade de água de forma tão rápida que não consegui utilizá-la.

- Deus também estava com o senhor nessa hora!

- Mas como?! Impedindo-me de refugiar-me nela?

- Sim. Esta cova é usada por lobos ferozes! Caso não tivesse sido inundada pela água, o senhor teria sido atacado pelos animais famintos e não sobreviveria para contar essa história com certeza.

O pregador mais uma vez ficou meditando no ocorrido. Passado o impacto de mais essa revelação, pegou na mão da criança caminhando com ela mais alguns metros e apontou a caverna com a entrada destroçada por enorme rocha.

- Eis aí o novo refúgio que fui impedido de utilizar. A rocha fechou a entrada da caverna. Deus também estava ajudando-me nessa hora?

- Com certeza, senhor. Essa caverna é a morada de um terrível urso que assusta e ameaça os moradores da região. Se o senhor tivesse entrado nela, teria sido estraçalhado pela fera. Deus também estava com o senhor nesse momento.

O pregador ficou de olhar fixo na porta da caverna obstruída pela grande rocha que impedia a entrada do local onde pretendera se esconder.

"Como fora injusto com a Providência Divina ao julgar-se esquecido por Deus!" - pensava sem coragem de olhar para o rosto da criança.

- Sabe, senhor! Lá em minha casa, todas as vezes em que oramos o "Pai Nosso" ensinado por Jesus, meu pai chama muito a nossa atenção para um trecho que ele acha mais importante. O senhor saberia dizer que trecho é esse?

- Seria aquele em que pedimos o pão de cada dia, meu filho?

- Não, senhor. Tente mais uma vez.

- O trecho em que pedimos perdão de nossas ofensas na mesma forma em que perdoamos as ofensas que recebemos?

- Também não, senhor. O trecho mais importante segundo o meu pai está logo no início quando dizemos que seja feita a vontade de Deus na Terra como no céu. Quando aceitamos a vontade do Criador, tudo mais na vida se encaixa perfeitamente, senhor!

O homem ficou como que paralisado pela lição do menino, não percebendo quando a criança se afastou do local seguindo o seu caminho. O pequeno havia dado o seu recado.

Vamos voltar à nossa conversa do início quando deixei para você uma pergunta: como você está perante a oração do Pai Nosso?

E então? Quando repetimos as palavras em que propomos que a vontade de Deus seja feita na Terra como no céu, estamos realmente aceitando essas orientações de Jesus? Ou será que temos procedido como o pregador que a cada insucesso na tentativa de se proteger da tempestade acusava o Criador de tê-lo abandonado? Nos contratempos da vida continuamos firmes com Deus ou acusamos a Providência Divina de nos abandonar?

Será que temos buscado em nossa religião um passaporte para não sermos atingidos pelas dificuldades normais da existência, que nada mais são do que as lições de que temos necessidade, ou realmente buscamos por meio de nossa religião servir a Deus socorrendo ao nosso próximo?

Quando a doença nos visita e nos lança no leito sentimos a presença de Deus ou a sua ausência?

Perante um ente querido que parte antes pelo fenômeno da morte física, continuamos firmes em nossa confiança no Pai, ou ficamos questionando-O sobre o porquê daquilo acontecer conosco?

Diante de uma dificuldade financeira maior acreditamos que o dia de amanhã nos trará o socorro de Deus ou blasfemamos contra Ele?

Quando um filho se envolve com o uso de drogas ilícitas ou até mesmo de substâncias lícitas, mas que fazem mal ao físico e à moral sabemos nos comportar adequadamente socorrendo e apoiando esse filho que Deus nos entregou para amparar e orientar, ou logo alimentamos o desejo de "entregá-lo nas mãos de Deus"?

Se em nosso lar reencarna um espírito na difícil prova do homossexualismo fazemos o que está ao nosso alcance para demonstrar nosso amor a Deus amando esse filho d´Ele, ou sentimos vergonha e alimentamos o preconceito contra esse irmão que pede a nossa ajuda da mesma forma como precisamos ser ajudados?

Não vou continuar com as perguntas porque a

consciência de cada um é totalmente capaz de formular os seus próprios questionamentos e analisar como estamos nós perante a oração do "Pai Nosso".

Se você estiver bem em relação ao trecho que afirma seja feita a vontade de Deus na Terra como nos céus, sorria porque você já é feliz por ter realizado uma grande caminhada na estrada da evolução.

Caso a sua situação seja contrária a essa última, sorria da mesma forma porque a Providência Divina, a cada dia que se renova no horizonte, estende vários convites para a nossa transformação íntima o que é motivo para sermos felizes a partir do momento que assim decidirmos.

Dessa forma, sempre seremos felizes e podemos sorrir porque essa é a vontade d´Ele que sempre será feita na Terra como nos Céus...

É PRECISO QUERER SER FELIZ E CONTRIBUIR PARA ISSO. SE FICARMOS NA POSIÇÃO DO EXPECTADOR IMPASSÍVEL, DEIXANDO PARA A FELICIDADE APENAS A ENTRADA LIVRE E AS PORTAS ABERTAS, SERÁ A TRISTEZA QUE ENTRARÁ.

Emile-Auguste Chartier

SORRIA: VOCÊ ESTÁ REENCARNADO

MUITAS PESSOAS ALEGAM que não pediram para nascer. E eu concordo. Não pediram, suplicaram!

O que será que Divaldo pensa sobre a situação de estar em um novo corpo?

"Meu Deus, reencarnar é uma beleza! Eu adoro a reencarnação. Adoro este corpo, às vezes maltratado. Ele me deu a visão do infinito, por que não reencarnar? Nós vamos reencarnar porque o processo evolutivo é uma lei da natureza até o infinito da superação das formas.

Além da Terra, noutros mundos, teremos o processo do ir e vir. Com carne ou sem carne, até atingirmos o estado de espírito puro, quando já não necessitarmos do processo evolutivo, renasceremos. No plano espiritual, não vamos ficar curados de tal forma que não necessitemos mais reencarnar. Allan Kardec disse que o progresso dá-se na Terra. No plano espiritual, colecionamos valores para aplicar na Terra, porque aqui é o lugar dos atritos, da convivência, das paixões e aqui desenvolvemos os sentimentos do belo, do bom, do forte, para preservarmos o nosso processo evolutivo." (Livro *Divaldo Franco responde* - volume 2, página 273, Intelítera)

Permitam-me trazer para essa nossa conversa um ditado popular que diz o seguinte sobre o casamento: quem está dentro quer sair, quem está fora quer entrar.

Com a desencarnação e a reencarnação se passa uma coisa meio parecida: os encarnados têm medo de desencarnar (nem todos, claro) e os desencarnados têm medo de reencarnar. Tanto é verdade essa última realidade, que muitos abortos acabam acontecendo porque o espírito destinado àquele novo corpo se recusa, de última hora, a voltar como está explicado em O *Livro dos Espíritos* na questão de número 345. Já imaginaram, por exemplo, renascer por meio de uma mulher usuária de drogas e que vive atirada nas sarjetas e dependente das substâncias ilícitas? A vida deve ser uma tortura desde o útero para aquele que volta. Ou seja, os desencarnados temem voltar porque sabem das expiações ou provas que lhes aguardam. Já os encarnados têm medo de partir por vários motivos. Uns porque acreditam que o túmulo é o fim de tudo. Outros porque ainda têm arraigada dentro de si a ideia de um inferno de sofrimentos sem fim. Outros ainda porque sabem que terão que responder pelos seus inúmeros erros. Dessa maneira, cada encarnado apresenta as razões para os seus temores.

Mas retornando ao título, você deve sorrir sim e sentir-se muito feliz porque está encarnado. A volta para um novo corpo está cada vez mais difícil pela restrição ao número de filhos que os casais estão se autoimpondo. Menos filhos, menos corpos físicos, maior dificuldade para voltar. E isso é terrivelmente grave quando estamos em situação de sofrimento no plano espiritual. Nessas ocasiões não pedimos para voltar, suplicamos à misericórdia de Deus que nos dê uma nova chance!

É conhecida no meio espírita a história de um espírito em intenso sofrimento no mundo espiritual, o que o levou a suplicar a sua volta à Providência Divina. Esse espírito era até generoso na forma como pedia para voltar: que Deus lhe desse aleijão físico; que renascesse em situação de extrema penúria catando no lixo o que comer; que ele voltasse amputado em seus membros; que não tivesse a luz dos olhos físicos; que não ouvisse e não falasse. E a Providência Divina que não deseja a morte do ímpio, mas sim que ele se regenere e viva, impôs apenas uma condição a esse espírito desesperado: que ele trabalhasse de alguma maneira, por algumas horas da semana, no campo da mediunidade em favor dos necessitados. Que alegria! O espírito exultou! Só isso? Estava feito o acordo com os espíritos superiores que cumpriam a decisão das esferas elevadas. Retornou em um lar espírita e desde pequeno tomou conhecimento das maravilhas da doutrina espírita. Participou da mocidade espírita. Frequentava assiduamente o centro. Até que chegou a hora de cumprir a sua parte no acordo que permitira o seu retorno. Começou a servir no campo da mediunidade atendendo aos sofredores da Terra como do espaço. Mas logo se cansou.

"Aquela tarefa era muito para ele! As pessoas e os espíritos estavam cansando a sua paciência. Acabando com as suas horas de repouso!" Até que abandonou a sua parte no trato que fizera. Ele que pedira tanto rigor na vida material e nada o atingira, abandonou a tarefa mediúnica.

Será que nos foi pedido alguma coisa em nosso retorno também? Alguma tarefa leve que somos perfeitamente capazes de fazer já que Deus conhece os nossos limites? Será que os espíritos que avalizaram a nossa volta estão satisfeitos com o cumprimento dos nossos compromissos? Por exemplo, será que não nos foi proposto a tarefa de procurarmos compreender melhor nossos pais na velhice? Ou, por exemplo, compreender melhor a companheira ou o companheiro que a Providência Divina colocou ao nosso lado na atual existência? Ou, quem sabe, a profissão que temos não representa uma oportunidade de quitarmos antigos débitos? Ou a nossa situação financeira difícil não representa a nossa parte no acordo de nossa volta? A saúde precária também não estaria nesse acordo? Quem sabe, não é mesmo? A nossa consciência sabe. É só estarmos dispostos a ouvi-la, a não silenciá--la, a ignorá-la.

Estamos neste momento tendo a chance de cumprir a nossa parte em nossa proposta de pedir a Deus o nosso retorno. De suplicar por esse retorno. Não é possível evoluirmos sem essa volta. Está bem clara essa condição na questão de número 175 de *O Livro dos Espíritos* e no item 25 do capítulo IV de O *Evangelho segundo o Espiritismo*.

Por isso Divaldo é entusiasta da reencarnação. Sem ela estacionaríamos e estacionar não faz parte dos planos de Deus para ninguém. Na questão de número 540 do mesmo livro codificado em 1857 por Allan Kardec, está bastante claro que o arcanjo nasceu no átomo e percorreu toda essa longínqua jornada até a perfeição. Estamos mergulhados nas oportunidades que se renovam a cada dia para evoluirmos. Por isso devemos sorrir. Quanta gente maldiz a existência e deseja a morte? Devemos nos considerar imensamente felizes de termos voltado ao invés de estarmos mergulhados em locais de sofrimento no mundo espiritual! Podemos até duvidar disso porque somos livres, mas todos retornaremos ao mundo espiritual de onde viemos e constataremos essa realidade. A nossa descrença não anula as Leis de Deus, assim como não adianta o cego de nascença duvidar da beleza das flores que nunca poderá ver, mas que existem, enxergue ele ou não.

Então, vamos sorrir e nos sentir felizes porque estamos tendo a oportunidade de estar nesse novo corpo. Sentiremos saudades dele ao voltarmos ao mundo dos desencarnados. E como chorar não modifica a situação de ninguém para melhor, vamos sorrir, somos felizes pela bênção da reencarnação. Você pode apenas não ter tomado ainda consciência dessa realidade. Não deixe para amanhã, no mundo dos espíritos, para compreender essa verdade. Sorria e seja feliz agora, em cada momento, em cada minuto, em cada dia, abençoando a existência e agradecendo imensamente a Deus a oportunidade dessa volta.

Felicidade é como qualquer recurso que só adquire valor quando em circulação em benefício de todos.

Emmanuel.
(Chico Xavier - *Inspiração* - GEEM.)

A AVÓ QUE SORRIA

AQUELA AVÓ, CONHECIDA minha há vários anos, mulher de muita garra, muita luta no enfrentamento dos problemas da existência, contava-me o ocorrido com o neto, criança ainda. Por motivos que não vêm ao caso comentar, essa avó era, em verdade, mais mãe do que avó. Dizia-me ela sorrindo:

- Sabe, meu neto foi curado por um milagre de Deus!

- Mesmo? O que aconteceu com ele? - perguntei-lhe dando tempo para que ela detalhasse o ocorrido.

- O menino não tinha nada. Começou a praticar natação e um dia a professora me chamou e disse que ele tinha uma região da perna que estava avermelhada. Então comecei a observar melhor a perna do meu neto.

- Ele não se queixava de dor, Clarice? - continuei a perguntar a ela.

- Não. Não doía, não. Mas então eu notei que parecia que ele tinha umas varizes no local da perna que estava vermelha. Pensei: criança não tem varizes. Pelo menos que eu saiba.

- E você tem razão. Não tem mesmo.

- Pois é. Resolvi levar o menino à pediatra que o encaminhou ao ortopedista.

- E o que o médico achou?

- Ele pediu umas chapas da perna e depois me disse: "Olha, Clarice. Seu neto está com um tumor no osso da perna. Está muito grande. Precisa levar com urgência para um hospital especializado em tratar essa doença." Me deu o endereço, eu peguei a carta com o senhor e fui.

É bom esclarecer que eu tinha um amigo nesse hospital para onde a criança foi direcionada e pedi a ele que desse atenção à criança, o que ele o fez de maneira que lhe fiquei muito agradecido.

- E lá no hospital, o que aconteceu, Clarice?

- Então! Os médicos fizeram uma biópsia e constataram que era câncer mesmo.

Nesse momento da narrativa ela ficou séria. Logo depois, entretanto, voltou a sorrir e retornou ao assunto.

- O senhor precisa ver a fé do meu neto! Ele confiava em Deus e dizia que Ele iria curá-lo!

- E como foi depois que o diagnóstico foi feito? - perguntei para direcionar a conversa.

- Ele foi operado. Depois fez quimioterapia.

- E o menino passou bem por tudo isso?

- Sempre confiando que seria curado pelos médicos e por Deus. Por isso eu falo que foi um milagre! - colocava sorrindo.

- E como ele está?

- O senhor acredita que os médicos deixaram ele jogar bola? Está jogando bola! - disse expressando--se de maneira natural e simples, mas com muita fé e sempre com um sorriso nos lábios.

- Que bom, Clarice! - observei.

- Sabe o que mais? Muitas crianças que chegaram lá ao mesmo tempo que meu neto, morreram. Outros perderam a perna. E ele está jogando bola! Foi um milagre!

- Foi mesmo! - disse-lhe eu.

Sei que milagre seria uma derrogação da lei perfeita de Deus, o que não é possível porque o que é perfeito não tem necessidade de ser modificado. Mas, como ensina Divaldo Franco, o que sabemos nós sobre essas leis se não temos condições de entender ao próprio Criador no atual estágio evolutivo em que nos encontramos? Pode ser que o fato que entendemos como modificação dessas leis não o seja, mas sim um ângulo que desconhecemos, em nossa pequenez, dessas leis que governam o Universo. Ou será que já sabemos tudo sobre Deus e as leis que Ele criou?

Clarice voltou ao assunto.

- Então! Meu neto está curado e jogando bola. Até o tempo de voltar para o médico examiná-lo aumentou. Agora só volta uma vez por mês. Depois vai espaçando mais até receber alta definitiva.

- Que ótimo, amiga!

Não tive coragem de lançar suspeitas naquelas esperanças da avó sorridente. Quem sabe o rumo que a enfermidade tomaria? Poderia estar a criança curada, mas ainda era cedo para tal diagnóstico. Lembrei-me do médico psiquiatra, doutor Victor Frankl, que foi prisioneiro em um campo de concentração alemão de Auschwitz, na Polônia. Viu seus pais, seu irmão e esposa serem mortos nas câmaras de gás. Ele mesmo viveu esse risco por todo o tempo em que lá esteve. Sobreviveu ao holocausto e desencarnou em 1997 com 92 anos de idade! Esse homem foi tão grande que recebeu 29 títulos de doutor *honoris causa*! Escreveu um livro que se tornou *best-seller*, intitulado *Em busca de sentido*. Nesse livro ele narra como é possível encontrar uma razão para viver diante das atrocidades que presenciou no campo de concentração. Era muito procurado pelos prisioneiros desesperados diante da possibilidade da morte a qualquer instante e que se dispunham ao suicídio como o único e último recurso que lhes restava.

Doutor Victor Frankl levava-os a pensar no futuro com perguntas do tipo sobre o que a vida esperava deles; os projetos que a vida após aquele lugar horrível teria reservado para eles; que alguém aguardava o retorno de cada um que vivia em intenso perigo no campo de concentração; que alguma obra estava aguardando a volta daqueles prisioneiros para que fosse concluída após o término da guerra; que havia pessoas que dependiam daquelas vidas que seriam libertadas após o martírio que suportavam; que havia uma outra espécie de vida em algum lugar muito melhor do que aquela e que os aguardava em breve. Estabeleceu tal sintonia com os prisioneiros que o procuravam na busca de alguma luz naquela escuridão diante do horror diário a que eram submetidos, que muitos conseguiram sobreviver e ter esperanças quando tudo falava em desespero e morte.

Sorri eu mesmo ao verificar que não falei nada de pessimismo àquela avó confiante no amor de Deus e na cura do seu neto. Como dizer o contrário se não estamos em um campo de concentração, mas sim em um campo de esperanças renovadas nesse Pai de misericórdia que Jesus nos apresentou?

Então, meu amigo e minha amiga, você que não está em um campo de concentração, mas sim em um campo de sonhos possíveis de serem realizados, sorria também. Contemple os inúmeros recursos que abençoam a sua existência a cada nascer do sol. Você que não tem um filho ou um neto com o problema semelhante ao neto de dona Clarice. Você que não tem pela frente uma câmara de gás. Você de quem dependem muitas pessoas para serem felizes. Você que tem um trabalho, uma obra a realizar. Você que pode enxergar a cada amanhecer. Você que pode contemplar e entender a poesia de um céu estrelado à noite. Você que possui o dom de falar e de ouvir. Você que possui braços perfeitos capazes de envolver em um abraço apertado o ente querido. Você que tem pernas perfeitas que o conduzem para aonde desejar. Você que é capaz de sentir o aroma de uma rosa que desabrocha no jardim de sua casa. Sorria! Você já é imensamente feliz. Talvez ainda não tenha se detido por um breve instante para reconhecer e agradecer o fato de estar embalado e conduzido nos braços da felicidade.

Clarice com o neto gravemente doente sorri porque confia em Deus e na cura do neto. Que motivo semelhante ou maior teria você para não fazer o mesmo?

****

A fé

Sou a irmã mais velha da esperança e da caridade; chamo-me fé.

Sou grande e forte. Aquele que me possui não teme nem o ferro, nem o fogo: é à prova de todos os sofrimentos físicos e morais. Irradio sobre vós um facho cujos jatos cintilantes se refletem no fundo de vossos corações e vos comunico a força da vida. Dizem, entre vós, que transporto montanhas; eu, porém, vos digo: Venho erguer o mundo, porquanto o espiritismo é a alavanca que me deve auxiliar. Uni-vos a mim; venho convidar-vos: sou a fé.

Sou a fé! Moro com a esperança, a caridade e o amor no mundo dos espíritos puros. Muitas vezes deixei as regiões sublimadas e vim à Terra para vos regenerar, dando-vos a vida do espírito. Mas, excetuando os mártires dos primeiros tempos do cristianismo e, de vez em quando, alguns fervorosos sacrifícios ao progresso da ciência, das letras, da indústria e da liberdade, só encontrei entre os homens indiferença e frieza, retomando tristemente o meu voo para o céu. Julgais-me em vosso meio, mas vos enganais, porque a fé sem obras é um simulacro de fé. A verdadeira fé é vida e ação.

Reconhecem-me por meus atos: ilumino as inteligências, aqueço e fortaleço os corações; afasto para longe de vós as influências enganosas e vos conduzo a Deus pela perfeição do espírito e do coração. Vinde abrigar-vos sob a minha bandeira; sou poderosa e forte: eu sou a fé.

Sou a fé e o meu reino começa entre os homens; reino pacífico, que os tornará felizes no presente e na eternidade. A aurora do meu advento entre vós é pura e serena; seu sol será resplandecente e seu crepúsculo virá docemente embalar a Humanidade nos braços de eternas felicidades. Espiritismo! Derrama sobre os homens o teu batismo regenerador. Eu lhes faço um apelo supremo: eu sou a fé.

Georges, Bispo de Périgueux.

(*Revista espírita*, 1862, página 87 e 88, mês de fevereiro - FEB.)

AINDA QUE HAJA NOITE NO CORAÇÃO,
VALE A PENA SORRIR PARA QUE HAJA
ESTRELAS NA ESCURIDÃO.

Arnaldo Ângelo Padovani

DAS LÁGRIMAS AO SORRISO

A HISTÓRIA QUE vou contar é verídica. E exatamente por ter acontecido é que não mencionarei os verdadeiros nomes. Da mesma forma empregarei o termo "filho" na sua forma genérica, sem identificar o sexo. Ficando isso claro, passemos à história.

Cibele era uma conhecida. Teve um filho com problema mental grave a que a psiquiatria denomina de psicose. As psicoses possuem tratamento, mas não cura. Isso se o paciente e a família aceitarem o diagnóstico e se o paciente realmente fizer uso das medicações necessárias e de forma contínua, sem interrupção. Muitas vezes alguém da família, principalmente a mãe, para negar que o filho tenha esse problema mental incurável, rejeita o diagnóstico e, por consequência, o tratamento. Várias psicoses evoluem por surtos. Em cada surto há um dano irreversível para o cérebro, o que vai agravando o problema com o correr do tempo.

Cibele relutou no início, mas depois aceitou o problema grave do filho e a necessidade de tratamento para controlar o quadro.

Quando existe uma doença grave desse tipo na família, pode ocorrer o afastamento dos familiares mais distantes, ou até mesmo os mais próximos por medo da patologia apresentada e que enseja a possibilidade de uma agressão por parte do doente.

Cibele entendeu e renunciou a esse convívio dos mais distantes e dos mais próximos por amor ao filho. Passou a dedicar a sua vida a ele. Foram anos difíceis, somente avaliados por quem passa ou já passou por problema semelhante. A mãe passou a viver com esse filho em local separado dos outros para não expor os irmãos a algum perigo de agressão. Tentou de tudo. Socorro da medicina da Terra como também o conforto com que a sua religião lhe acenava. Mas, como sabemos, existem lições às quais não podemos nos furtar por mais que não entendamos as suas razões, os seus porquês.

E assim os dias difíceis de Cibele foram se escoando na ampulheta do tempo até que o filho acabou por desencarnar ainda jovem. Não é preciso falar sobre o sofrimento dessa mãe apesar de todo o trabalho que tinha na convivência com esse filho. É uma característica daquelas mulheres que já desenvolveram em si o verdadeiro amor materno. É bom lembrar sempre que o fato de o espírito estar reencarnado em um corpo feminino, não implica que ele já tenha desenvolvido o amor materno. Prova disso são as crianças abandonadas ou até mesmo assassinadas pelas próprias mães.

Passaram-se aproximadamente quatro anos. Um dia encontrei-me casualmente com Cibele. Por uma dessas coincidências do destino, ela tinha uma profissão em que distribuía medicações a enfermos. Cumprimentamo-nos e iniciamos nossa conversa até que o assunto chegou a um ponto em que ela me disse:

- Estou aqui tomando um ar para me esquecer do que passei com meu filho apesar do tempo decorrido da sua morte.

- E qual o motivo da recordação? - perguntei.

- Hoje distribuí várias medicações para pacientes jovens com problemas semelhantes ao do meu filho.

E ao dizer isso seus olhos encheram-se de lágrimas. Procurei contornar a situação e ajudar de alguma maneira. Perguntei:

- E os jovens estavam sozinhos pegando a medicação?

- Não. As mães os estavam acompanhando.

- E como eram essas abnegadas mães?

- Ah! Senhoras humildes, mas extremamente sensibilizadas e preocupadas com os filhos e sua doença.

- Tinham aparência de poucas possibilidades financeiras? - perguntei já preparando o terreno.

- Não tenho nenhuma dúvida. Eram pessoas pobres que lutavam com dificuldades, tanto que vieram pegar o medicamento aqui onde ele é gratuito - disse enfatizando o local.

- Pois então, Cibele! Mesmo na situação difícil que

você viveu com o seu filho, você teve possibilidades de oferecer-lhe tudo sem essas mesmas dificuldades financeiras que essas mães revelam, não foi assim?

- Perdi tudo financeiramente falando, mas nunca faltou nenhuma medicação ao meu filho! - disse-me ela mais sensibilizada ainda, lutando contra as lágrimas que teimavam em escorrer face abaixo.

- Veja você, Cibele, que mesmo entre as agruras que você viveu, tinha mais conforto para oferecer ao seu filho os recursos possíveis sem as mesmas dificuldades financeiras que obrigam essas mães de hoje a vir pegar a medicação aqui. A cruz para você, embora pesada, sem dúvida nenhuma, pesava menos do que a dessas mães de condição financeira muito mais complicada que a sua. Além da doença, a falta do dinheiro.

Ela parou para pensar e concordou:

- Sabe que não havia pensado sobre esse ângulo do problema?

- Acredito que sim, porque sempre temos a tendência de achar que somos os mais desgraçados perante a vida, quando existem aqueles em situações muito piores e vivendo problemas semelhantes.

- É verdade! - disse ela como a meditar mais profundamente nessa realidade.

- E tem mais, Cibele - voltei à carga.

- O quê? - respondeu ela intrigada com a minha colocação.

- Seu filho partiu antes de você. Já imaginou se você tivesse ido para o outro lado da vida com a preocupação imensa de deixá-lo doente aqui neste mundo? Já parou para pensar que o fim dele seria ser internado nos hospitais psiquiátricos, porque os parentes, mesmo os mais próximos, não assumiriam o seu compromisso amparando-o? Já imaginou o seu desespero caso pressentisse a sua partida antes da dele e tê-lo que entregar ao mundo sem a sua proteção?

Ela ficou ainda mais pensativa. Depois de alguns segundos, comentou:

- É mesmo! Também não tinha pensado nisso!

- Veja você que a sua cruz foi menos pesada que a dessas mães que você viu hoje. Elas poderão partir e deixar esses filhos sem o amparo delas. Quem sabe o tormento que vivenciam ao pensar nessa possibilidade de deixarem os filhos nesse mundo sem a proteção materna?

As lágrimas estancaram nos olhos de Cibele e um sorriso nasceu ao tomar conhecimento que a sua cruz, apesar de pesada, não tinha sido a pior.

Você poderá estar vivendo nesse momento um problema grave, muito grave, mas pode ter certeza de que alguém, em algum lugar do mundo, está a sofrer mais, muito mais. Quem sabe essa tomada de conhecimento como aconteceu com Cibele o faça sorrir também. Vou até mais longe se me permitir: quem sabe se ao analisar a sua difícil situação atual você também conclua que, de alguma forma, pode até considerar-se feliz por não estar passando o que alguém, próximo ou longe, está a sofrer. Ou se preferir: não estar sofrendo na mesma intensidade que uma outra pessoa está a sofrer.

Que enquanto você tem um prato de comida do qual reclamar, o outro sente a dor da fome castigando-lhe as vísceras?

Que enquanto você se preocupa com o par de sapatos que não está na moda, alguém caminha descalço?

Que enquanto você tem um lar a esperá-lo após um dia cansativo de trabalho e no qual você encontre motivos para discutir, alguém dorme sobre o frio da sarjeta?

Que enquanto você cobiça a casa nova do vizinho, alguém esteja abrigado no final da existência em um asilo para pessoas idosas?

Que enquanto você reclama da sua roupa mal-lavada ou malpassada, alguém se veste de trapos?

Que enquanto você discute com a esposa, o marido ou com os filhos, muitos vivem na solidão?

Que enquanto você reclama dos seus pais idosos, muitos foram abandonados em locais públicos e nunca conheceram alguém a quem pudessem chamar de pai ou de mãe?

Sempre tem alguém pior do que você na vida. Basta querer enxergar e não nos fazermos da maior vítima que o mundo conhece. Cibele descobriu isso na nossa conversa naquele dia casual. Quem sabe você também descobre algo semelhante nessas páginas. E como ela, sem querer fazer-se da maior vítima que o Universo conhece, possa também deixar um sorriso desabrochar em seus lábios...

Sorria porque por mais infeliz que você se julgue, sempre existirá alguém mais sofredor do que você. Será que isso não é o início de uma pequena felicidade que poderá ir aumentando na medida em que você conheça a vida de outras pessoas?

Vamos aprender uma lição contida na *Revista espírita* de 1864 deixada por Allan Kardec, na página 298, mês de julho:

> "Há provações sem expiação e expiações sem provação", é necessário entender por expiação o sofrimento que purifica e lava as manchas do passado; depois da expiação, o espírito está reabilitado. O pensamento de Lamennais é este: Conforme as vicissitudes da vida sejam ou não acompanhadas pelo arrependimento das faltas que as ocasionaram, do desejo de as tornar proveitosas para seu próprio melhoramento, haverá ou não expiação, isto é, reabilitação. Assim, os maiores sofrimentos podem não ter proveito para aquele que os suporta, se não o tornarem melhor, se não o elevarem acima da matéria, se não virem a mão de Deus, enfim se não o fizerem dar um passo à frente, porquanto terão de recomeçar em condições ainda mais penosas. Deste ponto de vista, dá-se o mesmo com as

> penas sofridas depois da morte; o espírito endurecido as sofre sem ser tocado pelo arrependimento. Eis por que as prolongar indefinidamente por sua própria vontade; é castigo, mas não repara as faltas.

Como estamos lendo nesse trecho reproduzido da *Revista espírita* escrita por Kardec, não adianta sofrer se esse sofrimento não servir para tornar a pessoa melhor, fazer com que ela dê um passo à frente, se não se elevarem acima da matéria ou se não virem a mão de Deus. Pois bem, você acha que as pessoas que desejam ver no seu sofrimento a dor campeã; se desejam se sentir o maior sofredor do mundo; se se sentem bem em colocar-se como o mais desgraçado de todos os seres; isso não seria um culto ao sofrimento? Não seria uma entrega a ele? Não seria uma forma de revolta contra os desígnios Divinos? Não estaria a pessoa se entregando ao sofrimento ao invés de extrair dele os motivos para crescer?

Quem se acha o maior entre os sofredores não estaria se entregando derrotado a essa expiação ao invés de dar um passo à frente, como ensina Kardec no trecho acima? Não estaria deixando de ver a mão de Deus naquele acontecimento? Sim, porque quem vê a mão de Deus confia que essa mão está ali para levantá-lo em direção a uma situação melhor. Quem consegue ver a mão de Deus confia que ela está ali para trazer o devido consolo e não empurrar seja quem for em direção à derrota.

Cibele conseguiu enxergar essas recomendações de Kardec depois da nossa conversa e das lágrimas passou ao sorriso apesar de todos os sofrimentos registrados em sua alma. Ela conseguiu crescer com o sofrimento, tornar-se uma criatura melhor e, com isso, ser feliz. Sim, ser feliz porque aquele que caiu, mas emprega todo o esforço para se reerguer se sente feliz com a força que descobre em si mesmo.

Você não deseja descobrir essa mesma força em você? Se a resposta for afirmativa, sorria porque a vitória está logo à sua frente com o amparo de Deus para fazê-lo feliz! Você pode até não acreditar nisso, mas essa é a vontade d'Ele que deve ser feita na Terra como no céu! Vamos cumpri-la para que você possa orar em paz?

Para ter algo que você nunca teve, é preciso fazer algo que você nunca fez.

Chico Xavier

A DOUTRINA ESPÍRITA DISSE?

- O ESPÍRITA não pode falar sobre felicidade porque o espiritismo diz que nascemos para sofrer pelo mal que fizemos.

- Perdão, amigo. A doutrina epírita não faz tal afirmativa.

- Como não? Já fui a vários centros espíritas e ouvi essa mesma história.

- Desculpe novamente. Ou você entendeu errado ou a pessoa de quem você a escutou se expressou mal. O espiritismo não afirma que nascemos para sofrer, mas para crescermos cada vez mais em direção a Deus conquistando os valores morais que ainda nos faltam e que são muitos.

- Está vendo? Você acaba de dizer a mesma coisa, ou seja, nascemos para sofrer para poder crescer.

- Não disse isso. O que estou querendo afirmar é que no caminho para a perfeição podemos nos encontrar com o sofrimento caso conste dívida nossa na Contabilidade da Providência Divina. Mas o objetivo primeiro do nosso nascimento é evoluirmos.

- Aí está! Repetiu novamente que nascemos para sofrer!

- Você está enganado, meu amigo. Se Deus nos tivesse colocado no mundo com a finalidade de sofrer, Ele estaria agindo como um Pai que criasse Seus filhos apenas para sofrer. Onde estaria a misericórdia e a bondade d'Ele? Que pai aqui da Terra gera um filho só com a finalidade de vê-lo sofrer? Se nós que somos imperfeitos não fazemos isso, como acreditar que Deus o faça? O sofrimento é uma colheita da semeadura que fizemos.

- O que não deixa de provar que nascemos para sofrer de acordo com os espíritas e, por isso mesmo, a felicidade para o espírita é impossível.

- Não. Mesmo no sofrimento a felicidade para o espírita é possível. Vou procurar explicar a você por meio de um exemplo aqui do mundo dos homens. Suponha que você entre em um banco para pedir um empréstimo de uma quantia de dinheiro para adquirir a casa dos seus sonhos. O gerente concede esse empréstimo que, no entanto, precisará ser pago, você concorda?

- Claro! Que banco emprestaria dinheiro que não precisasse ser devolvido?

- Exato. Recebemos o empréstimo e precisaremos pagá-lo. Eu pergunto a você: o gerente perdoaria a dívida se a pessoa amortizasse apenas uma parte desse dinheiro? Vamos supor que você pagasse vinte por cento da dívida. O gerente do banco daria a dívida por quitada?

- De jeito nenhum.

- Muito bem. E se você pagasse cinquenta por cento da dívida, o banco quitaria a dívida toda?

- Também não. Lógico!

- E se essa quitação atingisse noventa por cento?

- Da mesma forma teria que pagar o restante dos dez por cento que faltam para quitar a dívida com o banco.

- Pois é. Queremos que Deus faça o contrário. Devemos à Justiça Divina uma grande quantia pelos desatinos que cometemos de livre e espontânea vontade e queremos que Deus nos dê a quitação apenas com uma pequena parcela paga.

- Como assim?

- Temos muitos débitos no Banco da Providência Divina. As prestações desse débito perante a nossa consciência, que é o reflexo de Deus em nós, são apresentadas em suaves e pequenas parcelas. Não fosse assim, não suportaríamos quitá-las. Somos maus pagadores e Ele sabe disso. Como um Pai de misericórdia, permite que vamos pagando em suaves prestações aquilo que devemos à nossa própria consciência. Só que vivemos pedindo a quitação de tudo o que devemos sem efetuar o pagamento. Não queremos sofrer. Gostamos apenas que a vida seja a melhor possível, ou seja, devemos pelo mal que praticamos e não queremos pagar a dívida. Como você colocou anteriormente, que banco quita uma dívida contraída sem que a mesma seja paga em sua totalidade? Os bancos dos homens funcionam dessa maneira, mas quando se trata da nossa conta perante Deus, queremos uma quitação gratuita.

- E o que isso prova contra a história de que nascemos só para sofrer como ensina o espiritismo? Não prova exatamente que nascemos para sofrer como ensina a sua religião?

- Volto a afirmar que esse não é um ensinamento espírita e que podemos sim ser felizes mesmo enquanto no mundo dos homens em meio ao sofrimento.

- O que acontece então?

- Acontece aquilo que estou tentando explicar. Quando a prestação pequena e suave nos chega, reagimos como o endividado perante o banco que quer a quitação total da dívida tendo dado apenas uma pequena parcela para amortizá-la. Como a Justiça Divina não pode fazer isso por ser absolutamente perfeita, vivemos a reclamar e a blasfemar que somos terrivelmente infelizes. Já que estamos falando em doutrina espírita, vou transmitir a você um ensinamento de um espírito denominado Emmanuel. Ele nos ensina que reclamamos de muitas coisas pequenas em nossa vida. Por exemplo: reclamamos do parente difícil, mas esquecemos daqueles que não possuem sequer um lar para onde voltar; reclamamos da comida que está malfeita em nossa própria casa, mas esquecemos daqueles que nada têm para comer; reclamamos de uma simples dor de cabeça que o remédio pode solucionar e nos esquecemos daqueles que estão se despedindo da vida em um leito de um hospital. Emmanuel, no livro *O espírito da verdade*, capítulo 89, encerra essa lição dizendo que devemos olhar para trás descobrindo os sofrimentos muito maiores daqueles que caminham conosco e reclamarmos menos dos pequenos problemas que nos cercam.

- Ah! Você acabou de confirmar que o espiritismo ensina que nascemos para sofrer e não para sermos felizes!

- Engano seu, meu amigo.

- Como engano?! Não acabou de falar sobre os que sofrem mais?

- Podemos ser felizes mesmo no sofrimento.

- Agora você está forçando demais o raciocínio! Ser feliz no sofrimento? E quem deseja sofrer? Assim não dá!

- Calma! Já vou explicar. Vamos voltar ao exemplo daquele que paga as prestações referentes ao dinheiro que emprestou do banco para comprar a casa nova. Quando esse devedor do banco paga cada mensalidade do empréstimo que fez, ele não é feliz? Está quitando a dívida para entrar na posse definitiva da casa como sua legítima propriedade. Enquanto ele dever, a casa não é realmente sua. Fica hipotecada ao banco.

Mas na medida em que vai quitando vai sentindo a felicidade de se tornar o real proprietário do imóvel. Ele é ou não é feliz?

- E que isso tem a ver com a felicidade em relação aos sofrimentos da vida? Não entendi nada.

- Veja bem: se você entender que a casa representa para nós a perfeição a ser atingida um dia, o sofrimento são as suaves prestações que estamos pagando para conquistar essa perfeição e entrarmos na posse da felicidade plena, sem restrições! Se estamos conseguindo pagar essas prestações e continuamos caminhando rumo à nossa perfeição, temos toda razão para nos considerarmos felizes. O sofrimento vencido com resignação representa uma prestação a menos em nossa conta no Banco da Providência Divina. É um passo a mais que damos em direção à nossa perfeição, meta maior que todos têm na vida por ser esse o motivo pelo qual Deus nos criou.

- Mas que sofre, sofre! Você está acabando de dizer isso.

- Só que não é essa a razão maior pela qual voltamos. Estamos na Terra para crescermos, adquirindo conhecimento no campo da ciência e dos valores morais. Os sofrimentos nos visitam se tivermos débitos perante a própria consciência. Se somos os autores dos nossos sofrimentos quando fazemos o que não devemos fazer, devemos nos sentir felizes por estar conseguindo pagar a conta, meu amigo. Por isso falei anteriormente que podemos ser felizes mesmo no sofrimento. Estamos pagando o que devemos e quem paga o que deve para ser completamente livre, pode se sentir feliz! Está reparando que sempre existe lugar para a palavra felicidade? Isso porque não retornamos para sofrer, como você disse no início da nossa conversa dizendo que tal colocação é um ensinamento do espiritismo, como se voltássemos tendo o sofrimento como a razão maior para esse retorno. O objetivo maior para a nossa volta é evoluirmos para caminhar em direção da "casa" dos nossos sonhos que se chama perfeição. Como o proprietário que foi ao banco emprestar dinheiro para a compra da casa dos seus sonhos e todo mês quita uma parcela da dívida para livrar-se da hipoteca e ser o real proprietário desse bem, a quitação de uma parcela da nossa dívida perante a própria consciência por meio do sofrimento tem significado semelhante sem que sofrer seja o objetivo maior da existência. Atingir a perfeição para o espírita é adquirir a "casa" dos seus sonhos. Essa é a razão maior de nossa volta. Por isso ele é capaz de se sentir feliz mesmo no sofrimento porque está preparando um amanhã de felicidade perene quitando seus débitos. O sofrimento é a parcela que pagamos para entrar na posse definitiva de um bem maior. O que nos move é a conquista desse objetivo e não nos entregarmos doentiamente nos braços do sofrimento.

- Não entendi. Não concordo e acho que vocês, espíritas, são pessoas meio desequilibradas que costumam ver céu cor-de-rosa quando só existem nuvens cinzas!

- Pois eu afirmo que só vemos céu cor-de-rosa porque acima das nuvens cinzas existe um sol a brilhar prometendo sempre um novo alvorecer e que começa exatamente com as cores suaves de uma rosa. Por isso, para o espírita, o céu está sempre dessa cor: rosa, felizmente!

- Mas que vocês falam que nascemos para sofrer, isso falam...

****

Meu amigo e minha amiga, essa afirmação motivada pela teimosia desse nosso irmão não é um motivo a mais para sorrirmos também?

****

Não reclames nem te faças de vítima.
Antes de tudo, analisa e observa.
A mudança está em tuas mãos.
Reprograma tua meta, busca o bem e viverás melhor.

Francisco do Espírito Santo (Hammed)

***Um modo de entender: uma nova forma de viver* – Boa Nova**

Embora ninguém possa voltar atrás e
Fazer um novo começo,
Qualquer um pode começar agora e fazer um novo fim.

Chico Xavier.

POUCA COISA É NECESSÁRIA PARA TRANSFORMAR INTEIRAMENTE UMA VIDA: AMOR NO CORAÇÃO E SORRISO NOS LÁBIOS.

Martin Luther King

MOTIVOS PARA SORRIR E SER FELIZ

ESSAS LINHAS SÃO para a sua meditação caso você julgue não ter nenhum motivo para sorrir e ser feliz. Leia com carinho e medite nelas com atenção.

1º) Você pode contemplar um nascer do sol abrindo a janela do seu quarto ou na rodovia durante uma viagem?

Tantos vivem na cegueira desde o nascimento!...

2º) Você pode ouvir o canto de um pássaro no galho de uma árvore que cresceu espontaneamente no quintal da sua casa?

Tantos vivem no silêncio da surdez desde que mergulharam no mundo!...

3º) Você consegue sentir o perfume da flor que sem nada pedir desabrochou em seu jardim?

Tantos não sabem interpretar o aroma que uma flor exala por serem portadores de uma deficiência mental!...

4º) Você pode apreciar a beleza de um fruto à sua disposição sobre a mesa da sua residência?

Tantos desconhecem a alegria de ter um local onde isso aconteça por não ter onde morar!...

5º) Você consegue ouvir a música da sua preferência no rádio do seu carro ou no aparelho eletrônico da sua casa?

Tantos não têm nem um carro ou um aparelho de som ou sequer uma casa para se dar a esse conforto!...

6º) Você tem alimento sobre a sua mesa do qual reclamar?

Tantos buscam em latas de lixo alguma migalha para comer!...

7º) Você tem roupas à sua disposição em seu guarda-roupa para exigir que sejam melhores lavadas e passadas?

Tantos caminham arrastando trapos sobre o corpo!...

8º) Você tem braços que lhe permitem pegar no colo o filho amado, tomar o seu banho, alimentar-se, afagar o animal de estimação que lhe saúda alegre em seu retorno ao lar?

Tantos ressentem-se por serem amputados!...

9º) Seus olhos lhe permitem ver o voo alegre do pássaro que percorre o céu azul e ensolarado?

Muitos o contemplam sem entender o significado dessa liberdade!...

10º) Sua voz está presente para que você a empregue inclusive para agredir verbalmente a alguém que lhe desagrada?

Quantos estão mergulhados no silêncio da mudez!...

11º) Seus ouvidos lhe permitem escutar o filho pequenino balbuciar suas primeiras palavras?

Quantos desejariam ter essa oportunidade e passam pelo mundo sem ter a oportunidade de ter um filho!...

12º) Você dispõe de um par de pernas que o conduzem para aonde você determinar?

Quantos vivem em cadeira de rodas!...

13º) Seu cérebro está lúcido a ponto de permitir que você leia um bom livro?

Muitos jazem na solidão da deficiência mental!...

14º) Seus pulmões cumprem, sem que você perceba, a função de oxigenar seu sangue e permitir-lhe a vida?

Quantos se debatem na angústia de um enfisema!...

15º) Seu coração que trabalha desde os primeiros instantes em que você começou a ser gerado no ventre materno, prossegue em silêncio a tarefa dele?

Quantos aguardam um remoto transplante cardíaco para continuarem a viver!...

16º) Você tem seu estômago em ordem para que ingira inclusive o excesso de alimento que você bem entende?

Muitos já perderam esse órgão vitimado por enfermidades terríveis que lhe ameaçaram a vida!...

17º) Seus intestinos recolhem em silêncio o alimento para manter-lhe a vida saudável?

Quantos vivem com o intestino exposto através de uma bolsa a impor-lhes humilhação e sofrimento!...

18º) Você tem um emprego que permite colocar o necessário dentro do lar?

Muitos buscam desesperados uma oportunidade de trabalho!...

19º) Você tem uma companheira ou um companheiro que caminha junto enfrentando as dificuldades da vida?

Quantos vagueiam envolvidos pelos braços gélidos da solidão!...

20º) Você tem pai e mãe que continuam torcendo pelo seu sucesso e desejando-lhe toda a felicidade do mundo?

Muitos experimentam a solidão de um orfanato!...

21º) Você possui um lar onde abrigar-se do frio e da chuva e onde repousar à noite?

Quantos dormem sobre a sarjeta fria!...

22º) Você dispõe de um chuveiro com água quente para higienizar seu corpo?

Quantos exalam mau cheiro por não ter como realizar a higiene do corpo!...

23º) Você tem um leito macio e limpo onde refazer-se do desgaste do dia?

Muitos dormem sobre pedaços de papelão!...

24º) Quando você acorda tem um café à sua disposição sobre a mesa?

Muitos se levantam com o estômago doendo pela fome de nada ter para comer!...

25º) O seu carro, embora não seja do último modelo lançado, está esperando-lhe na garagem para transportá-lo para o local que desejar?

Muitos caminham quilômetros a pé ou se sujeitam à condução pública abarrotada de pessoas como se fossem alimento enlatado ou animais conduzidos para o abate!...

26º) Você tem um par de sapatos que lhe permitem caminhar com os pés protegidos?

Muitos apresentam os pés feridos pela aridez do caminho!...

27º) Nos dias do inverno rigoroso, seu corpo está protegido com o agasalho necessário?

Quantos morrem de frio pelo fato de não ter a devida proteção!...

28º) Você dispõe de uma figura amiga a quem possa confiar as suas angústias?

Muitos lamentam e choram sozinhos a solidão de não ter quem os escute e oriente!...

29º) Tem você uma profissão, por mais humilde que ela seja, e que lhe permite viver com decência?

Quantos desejariam estar no seu lugar e vivem desesperados à procura de uma oportunidade por mais simples que ela seja!...

30º) Seus filhos, que não são perfeitos como você mesmo não o é, nunca lhe deram nenhuma alegria nem quando pronunciaram pela primeira vez a palavra "papai" ou "mamãe"?

Quantos vagueiam pelos consultórios médicos em busca de uma oportunidade de ter um filho!...

Quantos desejariam estar em seu lugar para ter a oportunidade de meditar nas inúmeras bênçãos e poder sorrir por constatarem que já são felizes e apenas não sabiam!

****

Felicidade

Se você busca ajustar-se
Aos estatutos do bem,
Na condição em que esteja
Some os recursos que tem.

Se aceita sinceramente
A bênção de Deus na fé;
Se usa a própria cabeça
Mantendo o corpo de pé;

Se guarda noção de rumo
De tempo, clima e lugar;
Se consegue defender-se,
Ver, ouvir e conversar;

Se pode estudar e ler,
Anotar e fazer conta;
Apresentar-se, vestir-se,
E sabe como se apronta;

Se tem o pão necessário,
Alguma saúde, asseio,
Um leito, a bênção de um teto
E o trabalho de permeio;

Se mostra existência útil,
Se respeita o seu vizinho;
Se pode amparar alguém
Nos empeços do caminho;

Então não pare na queixa;
Trabalhe, melhore e avance.
Conserve a felicidade,
Que ela está ao seu alcance.

Casimiro Cunha (Chico Xavier)
Caminhos de volta **- GEEM.**

Espero, sinceramente, que você tenha encerrado a leitura dessas linhas despretensiosas e amigas cujo único objetivo foi a de vê-lo sorrir por entender que já é feliz e apenas não sabia...

FIM
Tupã, inverno de 2015.

REFERÊNCIAS

CAEMERBÈKE, Olivier Van. *O poder da atitude*. Seleções Reader´s Digest Brasil, pp. 32-35 jun. 2015.

FRANCO, Divaldo Pereira. *Divaldo Franco responde*. Org. Cláudia Saegusa. 1ª ed. São Paulo. Editora Intelítera. Volume 2. 2013.

FRANCO, Divaldo Pereira. Joanna de Ângelis (espírito). *Jesus e atualidade*. 1ª ed. São Paulo, Editora Pensamento, 1989.

________. *Jesus e o evangelho – à luz da psicologia profunda*. 2ª ed. Salvador, LEAL, 2.000.

________. *Joanna de* Ângelis *responde*. 2ª ed. Salvador, LEAL, 1999.

________. *O homem integral*. 2ª ed. Salvador, LEAL, 1991.

________. *Plenitude*. 16ª ed. Salvador, LEAL, 1991.

________. *Vida: desafios e soluções*. 8ª ed. Salvador, LEAL, 1997.

GODOY, Paulo Alves. *O evangelho por dentro*. 1ª ed. São Paulo, FEESP, 1989.

KARDEC, Allan. *O Evangelho segundo o Espiritismo*. Trad. Matheus Rodrigues de Camargo. 9ª ed. Capivari, EME, 1994.

________. *Revista espírita – Jornal de Estudos Psicológicos*. Vol. 1868. 4ª ed. Brasília, FEB, 2009.

________. *Revista espírita – Jornal de Estudos Psicológicos*. Vol. 1858. 3ª ed. Brasília, FEB, 2009.

________. *Revista espírita – Jornal de Estudos Psicológicos*. Vol. 1862. 3ª ed. Brasília, FEB, 2009.

________. *Revista espírita – Jornal de Estudos Psicológicos*. Vol. 1864. 3ª ed. Brasília, FEB, 2009.

NOBRE, Marlene R. S. *Lições de sabedoria*. 1ª ed. São Paulo, Editora FE, 1996.

VIEIRA, Waldo & XAVIER, Francisco C. espíritos diversos. *O espírito da verdade*. 13ª ed. Brasília, FEB, 2002.

XAVIER, Francisco C. Emmanuel (espírito). *Emmanuel*. 7ª ed. Rio de Janeiro, FEB, 1970.

XAVIER, Francisco C. espíritos diversos. *Ideal espírita*. 10ª ed. Uberaba, CEC, 1987.

CONHEÇA TAMBÉM ESSES LIVROS:

A vingança do judeu

Vera Kryzhanovskaia • John Rochester (espírito)

Romance mediúnico • 16x22,5 • 424pp.

Uma tradução mais aprimorada, uma linguagem ao mesmo tempo moderna e fiel ao original – é assim que se apresenta esta nova edição de *A vingança do judeu*, um dos maiores best-sellers do autor J. W. Rochester, mestre na arte de tecer insólitas tramas e de descrever com detalhes os personagens, seus sentimentos e a trama em que se envolvem.

Getúlio Vargas em dois mundos

Wanda A. Canutti / Eça de Queirós (espírito)

Romance mediúnico • 16x22,5 • 344pp.

Getúlio Vargas realmente suicidou-se? Como foi sua recepção no mundo espiritual? Qual o conteúdo da nova carta à nação, escrita após sua desencarnação? Saiba as respostas para estas e outras perguntas, agora em uma nova edição, com nova capa, novo formato e novo projeto gráfico.

Peça e receba – O Universo conspira a seu favor

José Lázaro Boberg

Autoajuda • 16x22,5 • 248pp.

Neste livro, José Lázaro Boberg vem demonstrar, narrando fatos reais, que é possível realizar qualquer sonho que seja realmente perseguido e trabalhado por aquele que deseja vê-lo tornar-se realidade.

Mas, também, nos adverte que isso é possível tanto para quem deseja o bem ardentemente quanto para aqueles que, equivocadamente, permanecem atrelados ao mal.

Não encontrando os livros da EME na livraria de sua preferência, solicite o endereço de nosso distribuidor mais próximo de você através dos

Fones: (19) 3491-7000 / 3491-5449 / 9 9317-2800 / (Claro) / 9 9983-2575 (Vivo – WhatsApp)

E-mail: vendas@editoraeme.com.br – Site:www.editoraeme.com.br